하나님의 마음

하나님의 마음

지은이 백동조
펴낸이 백동조
펴낸곳 행복나눔

1판 2쇄 발행 2018년 1월 29일

출판신고 2011년 2월1일 제480-2011-000004호
530-831 전라남도 목포시 옥암동 1043

인쇄 HEP

ISBN 979-11-85735-05-4 03230

가격은 표지 뒤에 있습니다.
잘못 만들어진 책은 바꾸어 드립니다.

이 책은 저작권법의 보호를 받는 저작물이므로
무단전재 및 무단복제를 금합니다.

하나님의 마음

백동조 지음

CONTENTS

추천의글 · 6
머리말 · 12

1부 짝사랑하시는 하나님

1. 내가 지음받기 전부터… 19
2. 최고의 작품 · 25
3. 선악과를 왜? · 31
4. 흙덩어리의 반란 · 41
5. 방황하는 흙덩어리 · 49
6. 수렁에 빠진 흙덩어리를 찾아… 65

2부 복음에 담긴 하나님의 마음

1. 절망에서 희망을… 73
2. 더딤 속에서 보석을… 85
3. 그늘진 인생을 열방의 복덩어리로… 95
4. 거짓과 욕심덩어리를 역사의 주역으로… 109
5. 버린 돌을 머릿돌로… 127
6. 못난이를 빛난 인물로… 137
7. 율법에 담긴 하나님의 마음 · 157
8. 서러운 자를 민족의 등불로… 171
9. 버림받은 자를 왕으로… 187

3부 복음으로 회복된 신분

1. 나는 누구일까? · 209
2. 너는 내 아들이다 · 221
3. 너는 내 보배야 · 231
4. 너는 내 몸이야 · 241
5. 너는 내 기쁨이야 · 249
6. 너는 나의 행복이야 · 259
7. 너는 나의 꿈이야 · 267
8. 너는 나의 종이야 · 279

4부 회복된 신분을 어떻게 누리며 살까?

1. 회복된 신분을 누리며 사는 사람들 · 291
2. 회복된 신분을 누리지 못하는 안타까운 사람들 · 307
3. 회복된 신분을 누리지 못하는 바보들 · 317
4. 회복된 신분을 누리지 못하게 하는 올무 · 331
5. 회복된 신분을 누리지 못하게 하는 덫 · 341

추천의 글

이동원 원로목사 (지구촌교회)

오늘 이 시대를 포스트모던의 때라고 합니다.
이 시대의 상징은 파괴와 해체, 그리고 방황입니다.
이런 광야의 시대에서 우리는 정체성을 상실하고 삽니다. 내가 누구인지를 모르고 그 질문조차 상실하고 있습니다. 그리스도인조차 예외가 아니라는 것이 오늘의 비극입니다.

따뜻한 마음의 목자 백목사님이 이 대답을 찾아 나섰습니다. 말씀과 기도의 깊음에서 그 해답을 찾아 나선 것입니다. 그는 하나님의 마음에서 궁극적인 해답을 발견합니다. 그리고 그 자녀들의 행복한 신분의 회복을 외쳐댑니다. 더 이상 우리는 불행할 필요가 없다고 말입니다.

지금 여기에서 누리는 성도의 행복한 현존이 있습니다. 패배주의에 젖은 한국 교회에 이 책은 오늘의 복음입니다. 자신의 마음의 주소를 잃어버린 낙심 중에 있는 벗들에게, 행복한 자아상의 회복과 신앙 여정의 회복을 꿈꾸는 이들에게 이 책은 우리를 다시 미소짓게 하는 명약입니다. 함께 "하나님의 마음"을 찾는 행복한 여행을 추천합니다.

유기성 목사 (선한목자교회)

　백동조목사님은 제가 만나본 목사님들 중에 가장 감성적인 설교를 하시는 분입니다. 어쩌면 말씀을 전하셔도 사람의 마음 깊은 곳을 그렇게 섬세하게 만지실까 부럽기도 합니다. 그것은 백동조목사님이 항상 만나고 동행하시는 주님이 그러실 것이라는 생각이 듭니다. 그만큼 하나님의 마음을 깊이 아시는 목사님이십니다.

　이번에 내신 책이 바로 그 하나님의 마음을 담으셨습니다. 목사님의 표현대로 말하면 우리를 '짝사랑하시는 하나님'이십니다. 하나님의 마음을 알고 나면 인생이 바뀝니다. 성경에 등장한 많은 하나님의 사람들이 그러했습니다.

　그들은 한결같이 약점을 지니고 있었습니다. 이 책을 읽으면 그들이 가진 약점에 대하여 깊은 영감을 얻게 됩니다. 놀라운 것은 약점을 가진 이들을 결코 포기하지 않고 아름다운 작품으로 빚어 가시는 하나님의 열정입니다. 그래서 노예이면서도 왕처럼 살았고, 아무 것도 없으면서도 모든 것을 가진 부자처럼 살았습니다.

　하나님께서는 성경의 인물들을 약점에도 불구하고 아름답게 가꾸셨던 그대로 지금 우리를 가꾸어 가고 계십니다.

그렇습니다. 하나님은 우리의 환경을 바꾸시기 전에 우리 자신을 바꾸십니다.

그늘진 인생을 열방의 복덩어리로, 거짓과 욕심덩어리를 역사의 주역으로, 버린 돌을 머릿돌로, 못난이를 빛난 인물로, 더러운 자를 민족의 등불로, 버림받은 자를 왕으로 만드십니다.

하나님은 성경의 시대나 지금이나 다르지 않습니다. 예수는 어제나 오늘이나 영원토록 동일하십니다. 우리는 복음으로 회복된 신분입니다.

이 책을 읽으면 오늘의 그리스도인들에게 하나님의 마음을 알게 하고 싶어 하는 저자의 심정이 그대로 드러나 있습니다. '하나님이 얼마나 사랑하시는지... 얼마나 놀라운 계획을 가지고 계시는지... 복음 안에서 우리를 어떻게 대우하시는지...' 말입니다. "너는 내 아들이다! 너는 내 보배야! 너는 내 몸이야! 너는 내 기쁨이야! 너는 나의 행복이야! 너는 나의 꿈이야! 너는 나의 종이야!"

예수님을 믿고도 불행하게 사는 것은 너무나 억울한 일입니다. 복음은 단지 아는 지식이 아닙니다. 누리는 것입니다. 하나님의 나라를 누리고, 주님과 동행하는 삶을 누리고, 진정한 행복한 삶을 누리는 것입니다.

이 책을 읽으면서 하나님의 따뜻한 마음으로 인하여 참 행복했습니다.

김은호목사 (오륜교회)

모든 사람에게는 아픔, 고통, 상처가 있습니다. 무엇으로 이것을 회복할까요?

그 해답이 바로 '하나님의 마음'입니다.

하나님의 마음을 아는 자만이 아픔과 고통으로부터 자유함을 얻을 수 있습니다. 그리고 하나님의 마음을 아는 자만이 또 다른 사람의 상처를 보듬어 줄 수 있습니다.

저자는 하나님의 마음을 경험한 사람들이 누린 놀라운 변화들을 기록함으로, 책을 읽는 모든 이에게 감동과 도전을 줄 것입니다.

류영모목사 (CBS 재단이사장, 한소망교회)

내가 하나님의 자녀로 살면서 가장 사모하는 품성이 있다면 그건 바로 아버지의 마음입니다.

내가 목사가 되어 늘 내 가슴을 치는 안타까움이 있다면 그건 바로 내게 아버지의 마음이 부족하기 때문입니다.

백동조 목사님의 『하나님의 마음』은 내게, 한국교회 성도들에게, 그리고 리더들에게 신선한 양식과 거룩한 충격이 될 것입니다.

머리말

나는 누구인가?

대부분의 사람들은 사회적인 신분이 '나'라고 생각한다. 자기가 가진 것이 '나'라고 생각한다. 그래서 그것이 사라졌을 때 자신도 사라진 것처럼 좌절하고 낙심한다. 그러나 성경에 나온 많은 인물들은 그렇지 않았다. 노예이면서도 왕처럼 살았고, 아무 것도 없으면서도 모든 것을 가진 부자처럼 살았다. 손에는 작은 돌 다섯 개 밖에 없는데도 칼보다, 창보다 더 큰 무기가 있는 것처럼 적진에 뛰어들었다. 그들은 환경과 처지를 초월해서 자존감과 더불어 자긍심, 자부심, 자신감이 넘쳐흘렀다.

무엇이 그들을 신바람 나게 했던가? 그것은 바로 복음으로 회복된 신분 때문이었다. 예수는 어제나 오늘이나 영원토록 동일하시다. 하나님은 그때나 지금이나 다르지 않다. 그런데 왜 오늘의 신자들은 성경 속에 등장한 인물들과 다를까? 그 이유가 뭘까?

그것은 하나님의 마음을 모르기 때문이다. 나를 향해 얼마나 놀라운 계획을 가지고 계시는지… 복음 안에서 나를 어떻게 대우하시는지…

하나님이 누구신지 알면 자연히 내가 누구인지 알게 된다. 하나님의 마음을 알면 알수록 내가 누구인지 더욱 깊이 알게 된다. 하나님을 아는 것만큼 자존감은 상승된다. 그리고 감사하게 되고 감격하게 된다. 그리고 자존감과 더불어 자부심, 자긍심, 자신감이 상승된다.

많은 그리스도인들을 대하면서 느껴지는 의문이 있었다.
"이 신자들이 정말 복음의 본질을 아는 분들일까?"
"이 신자들이 정말 예수 믿는 사람들이 맞을까?"
"이들이 정말 구원받은 자라면 왜 하나님 나라를 누리지 못할까?"
"구원의 확신을 갖고 있는데 왜 구원의 기쁨을 누리지 못할까?"
"하나님의 자녀라고 하는데 왜 하나님 아들의 자존감을 볼 수 없을까?"
"나는 구원받았고 나에게 이미 하나님의 나라가 임했다고 하는데 왜 나를 통해 하나님 나라가 보이지 않을까?"

이런 신자들에게 조금이나마 도움이 되었으면 하는 마음으로 이 글을 쓰기 시작했다.

이 책 대부분의 내용들은 우리 입장에서가 아닌 하나님의 입장에서 성경을 보고 기록한 내용들이다. 다시 말해 자식을 위해 헌신하는 아버지 입장에서 보았다.

성경에 등장한 많은 인물들 중에 대부분은 다 약점을 지니고 있었다. 이 책의 한 페이지 한 페이지를 넘길 때마다 이들의 약점에 놀랄 것이다. 그리고 99%가 모자란 자들일지라도 절대로 포기하지 않고 아름다운 작품으로 빚어가시는 하나님의 열정을 보게 될 것이다. 자기 자식을 향한 그분의 사랑과 관심, 그리고 진한 그분의 마음에 놀랄 것이다.

그리고 그들을 아름답게 가꾸어 가시는 모습 그대로 지금 나를 가꾸어 가시는 하나님의 손길을 보게 될 것이다.

욥이 고난을 겪은 후에 귀로 들었던 주님을 눈으로 본다고 했다(욥 42:5). 사도 요한도 내가 눈으로 보고 손으로 만져 본 복음이라고 자기가 만난 예수님을 표현했다(요일 1:1). 야곱은 얍복강에 홀로 남았을 때 하나님의 얼굴을 대면해 보았다고 했다(창 32:30).

이 책을 읽는 동안 독자 여러분 모두가 하나님의 따뜻한 마음에 젖어들기를 기도한다.

Story 1

01 내가 지음받기 전부터…
02 최고의 작품
03 선악과를 왜?
04 흙덩어리의 반란
05 방황하는 흙덩어리
06 수렁에 빠진 흙덩어리를 찾아…

―――― The heart of God

STORY 1
짝사랑하시는 하나님

chapter 1
내가 지음받기 전부터…

네가 없는 우주와 세상은 나에게 아무런 의미가 없단다.
그래서 내 눈에는 네가 보배롭고 존귀하단다.

가장 짜릿한 행복감을 느낄 때 사람의 입에서 감탄사가 튀어나온다. 미국 사람들의 입에서는 '원디풀(wonderful)!' 일본 사람들의 입에서는 '스고이(すごい)!' 한국 사람들의 입에서는 '죽여준다!' 가 튀어나온다.

그렇다면 하나님은 짜릿한 행복감을 느낄 때 어떻게 감탄을 표현하실까? "좋았더라! ()"이다. 창세기 1장에 보면 인간을 지으시기 전에 6번, 인간을 지으신 후에는 "심히 좋았더라!"고 진하게 표현하신다.

빛을 지으시고 좋았더라고 감탄하시고, 육지와 바다를 지으시고 좋았더라고 감탄하신다. 여기서 가만히 생각해 보자. 하나님의 눈에 비친 세상은 육지와 바다뿐이다. 동·식물이 창조되기 이전에 하나님의 눈에 들어온 세상은 온통 흙과 물뿐이다. 이런 풍경이 하나님의 눈에 왜 좋게 보였을까?

창세기 1장을 오늘의 이야기로 재구성해 보면 이렇다. 애지중지 키워온 사랑하는 아들이 장가갈 때가 되어 예쁜 아가씨를 데리고 왔다. 아버지는 아들이 살 집을 손수 지어주기로 했다. 그날부터 집을 지을 터를 알아보러 다녔다. 햇빛도 잘 들고, 여름에 시원하고 겨울에 따뜻할 만한 곳, 교통이 불편하지 않으면서도 여유가 있는 곳, 앞으로 태어날 아이들이 뛰어놀 마당이 있는 곳, 이것저것 살펴서 드디어 집을 지을 터를 샀다. 아버지의 눈 앞에 펼쳐진 것은 대지뿐이다. 그래도 아버지는 그 땅을 보고 있으면 행복하기만 하다. 왜 행복할까?

이제 본격적인 공사가 시작되어 터를 닦고, 철근을 세우고, 벽돌을 쌓아 벽을 세워간다. 그 먼지 나는 공사판에서 아버지는 손수 진두지휘하시며 현장을 떠나지 않으신다. 그 먼지를 다 마셔도 아버지의 마음엔 기쁨이 가득하기만 하다. 그곳에서 행복하게 살아갈 아들 부부와 태어날 손자, 손녀를 마음속에 그리고 있기 때문이다. 이것이 바로 아버지의 마음이고, 우리 아버지 하나님의 마음인 것이다.

1985년 늦가을에 사랑의교회가 개척되어 목포시 쓰레기 매립지 옆 상추밭 45평을 무상 임대하였다. 슬레이트 지붕을 한 무허가 집들과 쓰레기 매립지 사이에 있었다. 보통 사람 눈에 들어온 교회 터의 모습은 좋거나 아름다울 리 없었다. 그러나 여기에 조립식 22평(예배당 15평, 사택 7평)을 짓기 위해 상추와 풀들을 뽑아내고 터를 조성할 때, 내 속에 있는 그 기쁨은 알 사람이 없을 것이다. 기초공사만 해 놓고도 행복하고, 골격을 세워 놓고도 행복하고, 지붕을 덮어 놓고도 행복했다. 모든 것이 좋게만 느껴졌다. 그 이유가 무엇이겠는가?

이곳에서 복음으로 새 생명이 태어나고 자랄 뿐 아니라 하나님의 나라를 누리며 하나님의 나라를 나눌 성도들 때문이었다. 성도가 없다면 터도 건물도 무슨 의미가 있겠는가? 이것이 바로 하나님께서 행복감을 느끼고 좋았더라는 감탄사를 연발했던 이유였음을 절감할 수 있었다. 아담과 그 후손이 없는 이 세상이 하나님에게 무슨 의미가 있겠는가? 하나님은 천지 만물을 차근차근 창조해 가시면서 늘 아담과 하와 그리고 앞으로 태어날 후손들을 생각하시며 "좋구나! 행복하구나!"라고 하셨던 것이 분명하다. 이런 하나님의 마음은 지금도 변하지 않는다.

임신한 엄마와 아빠가 태어날 아기를 위해 여러 가지 출산용품들을 준비한다. 아기가 태어나 처음 입을 배냇저고리, 양말, 신발, 딸랑이, 모빌... 아이를 위해 마련한 출산용품들을 만져 보면서 '좋구나!'라고 감탄하면서 행복감을 느낀다. 바로 이런 마음이 하나님의 형상이고 하나님의 마음인 것이다.

하나님은 내가 지음 받기 이전부터 나를 보고 계셨다. 나를 생각하시며 행복해하셨다. 이런 하나님의 마음을 다윗은 이렇게 노래한다.

> 내 형질이 이루어지기 전에 주의 눈이 보셨으며
> 나를 위하여 정한 날이 하루도 되기 전에
> 주의 책에 다 기록이 되었나이다
> 하나님이여 주의 생각이 내게 어찌 그리 보배로우신지요
> 그 수가 어찌 그리 많은지요
> 내가 세려고 할지라도 그 수가 모래보다 많도소이다
> (시 139:16-18상)

하나님은 내가 지음 받기 이전부터 내가 뛰놀 세상을 나를 위해 창조하셨다. 그리고 행복을 누릴 내 모습을 연상하면서 "좋구나!", "행복하구나!"라고 하셨다. 이것이 자식을 향한 부모의 마음이며 나를 향한 하나님 아버지의 마음이다. 하나님의 마음을 생각하면 생각할수록 가슴이 벅차오른다. 그리고 눈가에 늘 이슬이 맺힌다.

하나님은 나에게 이렇게 말씀하신다.
"부부에게 아이가 없다면 아이의 옷도, 신발도 무슨 의미가 있겠니?"
"교회 건물과 다양한 시설도 성도가 없다면 무슨 의미가

있겠니?"

"네가 없는 우주와 세상은 나에게 아무런 의미가 없단다. 그래서 내 눈에는 네가 보배롭고 존귀하단다(사 43:4)."

내가 지음 받기 전부터 하나님은 나를 보고 행복해하셨다. 그리고 좋다고 감탄하셨다. 나를 지으신 후에는 "너무 너무 좋구나!"라고 하셨다. 지금도 이 마음은 변함이 없으시다.

...세상에 있는
자기 사람들을 사랑하시되 끝까지 사랑하시니라
(요 13:1하)

너는
나의
최고의 작품...

chapter 2
최고의 작품

넌 나의 기쁨이고, 나의 행복이야!
나의 자녀, 나의 성전, 왕같은 제사장이란다!

하나님은 온 우주와 지구 그리고 산천초목과 모든 생물을 창조하셨다. 그리고 자신이 누리는 행복, 즉 하나님의 나라를 함께 누릴 존재로 사람을 지으셨다. 성부와 성자 그리고 성령 하나님이 서로 의논하여 당신의 형상대로 가장 존귀하고 아름답게 지으셨다.

> 여호와 하나님이 땅의 흙(עָפָר/아파르:티끌, 가루, 재)으로 사람을 지으시고...
> (창 2:7상)

하나님이 친히 토기장이가 되어 티끌(가루, 재) 같은 미세한 흙으로 눈, 코, 입, 다양한 혈관, 신경조직, 뇌 조직, 크고 작은 뼈, 오장육부, 부드럽고 아름다운 피부조직을 빚으셨다. 만약 모래나 자갈 같은 굵은 흙으로 빚으셨다면 불가능했을 것이고, 피부를 비롯한 지체의 모든 면들이 부드럽고 예쁘게 나올 수 없었을 것이다. 인간을 빚으신 하나님의 지혜와 오묘하심에 놀라움을 금할 수 없고 아름답게 빚으신 하나님의 솜씨에 절로 머리가 숙여진다.

하나님이 지으신 자연의 아름다움에 감탄사가 절로 나온다. 다양한 꽃들의 아름다움 앞에 감격하지 않을 수 없다. 그러나 하나님이 지으신 피조물 중에 가장 아름다운 것은 사람이다. 사람보다 더 아름다운 것은 이 땅에 없다. "…나를 지으심이 심히 기묘하심이라…"(시 139:14) 다윗의 고백이 우리 모두의 고백이다.

한 걸음 더 나아가 사람에게는 육체의 신비함과 아름다움보다 더 뛰어난 부분이 있다. 어떤 피조물도 감히 넘볼 수 없는 탁월함과 존귀함이 있다. 그것이 뭘까?

…**생기**(הִנְשָׁמָה/네쉬마 하이: 산 호흡, 산 영, 산 영혼)를 그 코에 불어넣으시니 사람이 **생령**(נֶפֶשׁ חַי/네페쉬 하이: 산 영혼, 호흡하는 생명)이 되니라
(창 2:7하)

바로 그 코에 생기, 히브리 말로 '네쉬마 하이'를 불어 넣으신다. 히브리어 '네쉬마 하이'의 의미는 '산 호흡', '산 영', '산 영혼'을 뜻한다. 이것을 불어넣으신 것이다. 이렇게 지어진 사람을 히브리 말로 '네페쉬 하이'라고 한다. 즉 생령,

산 영혼, 호흡하는 생명이 되었다는 것이다. 그러므로 사람은 손수 빚으신 흙덩어리 육체뿐 아니라 하나님이 친히 숨을 내쉬며 불어넣으신 생기로 완성된 것이다.

하나님이 불어넣으신 생기로 완성된 사람의 구성요소는 흙으로 빚은 육체, 생기를 불어넣으실 때 호흡과 더불어 영혼과 하나님의 영이 육체 속에 임하게 되었음을 알 수 있다.

이뿐 아니라 하나님은 사람에게 만물을 정복하고 다스리는 능력과 문명을 개발하고 발전시켜 나갈 수 있는 하나님의 창조적 형상까지 뇌 속에 심어 주셨다.

한 걸음 더 나아가 사람은 물질인 육체와 비물질인 영혼이 하나로 결합된 존재다. 여기에 하나님의 영이 거주하심으로 하나님 안에서 하나님과 함께 에덴에서 하나님의 나라를 만끽할 수 있는 능력 있는 존재가 되었다.

하나님의 영이 내주하시는 사람에 대하여 신약성경에서는 '성전'(고전 3:16)이라고 하고, '그리스도의 몸'(고전 12:27)이라고 한다. 그리고 하나님의 영으로 인도함을 받는 사람을 '하나님의 아들'(롬 8:14)이라고 한다. 한 걸음 더 나아가 세상을 다스리는 왕권과 하나님과 친밀한 관계를 누리는 제사장권을 지닌 '왕 같은 제사장'(벧전 2:9)이라고 한다.

이런 측면에서 피조물 중에 하나님의 사랑과 은혜를 한 몸에 받은 사람은 하나님의 자녀요, 성전이요, 왕 같은 제사장이요, 하나님의 기쁨이었다.

하나님은 모든 인류가 자신의 품 안에서 자신과 함께 사는 가족이 되기 원하셨다. 그리고 모든 인류가 하나님의 나라를 누리는 행복공동체가 되기 원하셨다.

하나님은 성부와 성자와 성령 삼위로 계신다. 하나님은 하나님의 나라를 함께 누릴 가족공동체가 땅에 충만해지기를 원하셨다. 그래서 아담과 하와를 지으시고 "생육하고 번성하라"라고 명령하셨다.

인류의 시조 아담과 하와는 하나님의 기쁨이요, 하나님의 행복이었다. 그리고 하나님의 가족공동체가 온 땅에 충만해지도록 생육하고 번성케 하는 것이 하나님의 꿈이었다.

"…나를 지으심이 심히 기묘하심이라…"
시139:14

chapter 3

선악과를 왜?

선악과는 범주요, 하나님을 보여주는 계시요,
하나님의 사랑을 보여주는 성경이요. 행복 울타리였다.

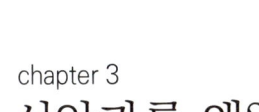

   혹자는 이렇게 말한다.

   '하나님이 왜 선악과를 만들어 인간을 벌했는가?'

   '선악과 그 값이 얼마나 된다고 그것 하나 따먹었다고 인간을 이렇게 비참한 상황에 놓이게 했는가?'

   '인간이 따먹으면 안 되는 것이라면 사람의 손이 닿지 않는 높은 절벽 중턱에다 선악과나무를 둘 것이지 음식으로 허락한 과일들 사이에 보암직도 하고, 먹음직도 하게 만들어 놓으시고, 먹기만 기다리시다가 그것을 따먹는 순간에 하나님이 인간의 뒤통수를 친 것이 아니냐'고 항변하기도 한다.

   이들의 말처럼 하나님께서 선악과를 만들어 놓으신 이유가 인간을 벌하고 괴롭히기 위해서였다면 하나님의 입에서

"좋구나!"라는 감탄사가 나올 수 있었을까?

　죄와 저주의 늪 속에 빠뜨리려는 의도로 선악과라는 덫을 생각하고 계셨다면 내면의 행복감이 감탄사로 표현될 수 있었을까?

　선악과를 만들어 놓으신 이유가 이들이 말한 대로일까? 도대체 왜? 선악과를 만들어 놓으셨을까?

범주(Domain)

　가장 아름다운 세상을 지어놓으신 후 인간을 지으신 하나님의 계획은 그들이 에덴에서 영원한 행복을 누리며 사는 것이었다.

　식물들에게 행복의 범주는 흙이고, 새들에게 행복의 범주는 창공이며, 물고기들에게 행복의 범주는 물이듯이 인간에게 있어서 행복의 범주는 하나님 품 안이었다.

　인간으로 하여금 자신의 품 안에서 행복하기 원하시는 하나님은 그의 품을 벗어나지 않도록 지켜주고 싶으셨다. 아담과 그의 후손들이 대대로 자녀를 낳고 후손이 번성하여 땅에 충만해질 때도 하나님의 그늘 안에서 행복을 누리며 살 수 있도록 울타리를 마련하셨다. 그것이 바로 선악과다. 이런 측면에서 선악과는 행복의 범주이다.

세상의 모든 사람들이 하나님의 범주를 벗어나 스스로 신이 되어 자신의 감정대로 행동한다면 세상은 사람이 도저히 살 수 없는 사회로 점점 빠져들게 될 것임을 하나님은 미리 보고 계셨다.

아담과 하와가 선악을 알게 하는 나무의 실과를 먹음으로 범주를 넘어서는 순간 의에서 죄로, 복에서 저주로, 천국에서 지옥으로, 행복에서 불행의 나락으로 떨어지고 말았다.
범주를 벗어난 순간 하나님과의 관계가 깨어지고, 부부관계도 금이 가고, 형제간의 관계도 깨지고 만다. 사람과 환경의 관계도 서로 피해를 주는 관계로 변하게 된다. 가인은 자신의 몸과 같은 형제 아벨을 잔인하게 죽인다. 가정에서 시작된 불행은 사회로, 국가로, 세계로 번져가게 된다. 창세기 3장에서 하나님의 범주를 벗어난 인간들은 노아 홍수를 자초했고, 창세기 11장에서는 끝없이 높아지기를 원하는 인간의 마음이 바벨탑으로 드러나고 있다.

오늘을 사는 많은 사람도 동일한 유전자를 지니고 있다. 하나님 안에서 사는 것을 원치 않는다. 하나님을 하나님으로 인정하고 싶어 하지 않는다. 자신의 인생에서 하나님을 지우려고 한다. 왜 그럴까? 여기에는 인간 내면의 깊은 속뜻이 있다. 그것은 하나님을 인정하지 않고 거부해야 자기가 하나님의 자리에 앉아 있을 수 있기 때문이다. 오늘날 많은 종교가 있지만 그중에 자신을 교주로 하는 '내 종교'가 가장 많을 것이다.

 오늘을 사는 인간 내면에 면면히 흐르는 의식과 사상을 보라. 하나님을 인정하지 않고 거부하려고 몸부림치고 있다. 자신을 신으로 만들어 신의 자리에 자신을 올려놓고 싶기 때문이다. 하나님을 인정하지 않고 거부하는 모든 이들의 마음 저변에 이런 의도가 깔려 있다. 자신의 생각이 법이 된다. 누군가가 이 법을 무시하거나 침범했을 때 용납하지 않는다. 정죄하고 분노한다. 미워하고 질시한다. 서로 간에 생각과 법이 충돌할 때 드디어 전투가 시작된다. 이 전투는 상대가 죽어도 끝이 나지 않는다. 악순환은 계속된다. 세상은 갈등과 분노로 가득 차게 된다. 세상과 사회는 지옥처럼 변한다. 이것이 하나님을 하나님으로 인정하지 않고 하나님을 거부함으로 나타난 병리 현상이다. 하나님은 이와 같은 병리 현상을 막으려고 선악을 알게 하는 나무를 통해 범주를 정해 놓으신 것이다.

하나님을 보여주는 계시

 선악을 알게 하는 나무가 주는 놀라운 메시지는 "천지의 주인은 하나님이시다"라는 것이다. 선악을 알게 하는 나무를 볼 때마다 하나님을 보게 하셨다. 천지를 지으신 전능하신 하나님을 느끼게 하셨다. 하나님을 인정하게 하고 경외하게 함으로 하나님의 품에서 그 사랑을 누리도록 하신 것이다. 이런 측면에서 선악을 알게 하는 나무는 창조주 하나님을 보여주는 계시이다.

하나님의 사랑을 보여주는 계시

하나님은 인간이 먹고 누릴 수 있는 수많은 과일나무를 창조해 주셨다. 그중에서 먹어서는 안 되는 딱 한 개의 나무를 다른 나무들 사이에 세워 놓으신 것이다. 이것이 바로 선악을 알게 하는 나무이다. 아담과 그 후손들은 선악을 알게 하는 나무의 실과를 볼 때마다 어떤 생각이 떠올랐을까?
아마 이런 마음이지 않았을까?
"천지를 창조하신 분이 바로 하나님이야!"
"왜 하나님이 천지를 지어주셨을까?"
"천지 만물은 하나님이 우리에게 주신 선물이야!"

만약 하나님께서 선악을 알게 하는 나무를 만들어 놓지 않았다면 이런 생각이 떠오를 수 있을까? 선악과가 없이도 하나님을 알고, 그분의 사랑을 느끼고 누릴 수 있다면, 성경 없이도 하나님을 알고 그 사랑을 아는 것이 가능하다는 이야기와 무엇이 다르겠는가?

이들은 선악과를 보면서 하나님을 볼 수 있고, 측량할 수 없는 하나님의 사랑을 느낄 수 있었고, 삼위일체 하나님의 손길을 만끽할 수가 있었다. 에덴동산에서의 선악과는 오늘의 성경인 것이다.

과일을 먹을 때마다 동산 중앙에 세워진 선악과를 보면서 하나님의 사랑을 절절히 느끼며 체험할 수 있게 하셨다. 이런 측면에서 선악과는 하나님의 사랑을 보여주는 계시이다. 아담과 하와는 선악을 알게 하는 나무를 통해 하나님의 사랑을 마음껏 느끼며 누릴 수 있었다.

행복의 울타리

아담과 하와가 범주를 넘어감으로 죄의 종이 되어 저주의 자리에 앉아 있을 때 창세기 3장 22절에서는 의미심장한 말씀을 하신다.

> 여호와 하나님이 이르시되 보라 이 사람이 **선악을 아는 일에 우리 중 하나 같이 되었으니** 그가 그의 손을 들어 생명 나무 열매도 따먹고 영생할까 하노라 하시고
> (창 3:22)

"이제 이들이 선악을 아는 일에 우리 중 하나 같이 되었으니"라는 말씀이다. 하나님과 같이 선악을 알게 된 것이

왜 저주이며 형벌인가?

　아담 후손들의 내면을 가장 힘들게 하고 괴롭게 하는 것이 뭔가? 그것은 바로 선과 악을 알게 되는 것이다. 선이 뭐고 악이 뭔지를 모를 때 사람은 참 행복하다. 갓 태어난 아이는 선이 뭔지, 악이 뭔지 모른다. 그러니까 누구에게나 방실방실 웃는다. 그런데 점점 자란 후에 선과 악에 눈이 뜨이게 되어 선과 악이 구분되기 시작하면 악을 행한 자를 향해 정죄하고, 무시하게 된다. 악이 드러난 자들을 향해 분노가 일어나고 미워하게 된다. 자신보다 더 악한 자를 보게 되면 우월감에 사로잡혀 교만해져 원망이 내면을 차지하게 되고, 행복감은 점점 사라지고, 불만족 속에 살아가게 된다. 그러다가 내 속에 악을 발견하게 될 때 열등감에 시달리게 된다. 선과 악을 알게 되는 것이 인간을 얼마나 불행하게 하는지 세월이 흐를수록 더 절감하게 된다.
　어린 시절에 어머니가 가끔 하시는 말씀이 있었다. 세상에 가장 악한 종자가 인간이라고 하셨다. 어린 시절에 그 말씀을 나는 이해할 수 없었다. 내 눈에는 모든 사람이 한결같이 좋게만 보였는데... 세월이 지나 내가 어머니의 나이가 되었다. 이제는 그 말에 동의한다. 왜 그럴까? 선과 악을 알게 되었기 때문이다. 선과 악을 알게 되면 될수록 내면은 불행감으로 채워지게 된다. 선악을 알게 하는 나무 열매를 먹지 않는 것은 행복의 울타리였다.

신명기 10장 13절 말씀이 가슴에 절절히 다가온다.

**내가 오늘 네 행복을 위하여
네게 명하는 여호와의 명령과 규례를 지킬 것이 아니냐**

우리가 지켜야 할 명령과 규례를 주신 이유가 뭔가?
우리의 행복을 위해서다. 하나님께서 인간을 지으시고 최초로 주신 명령과 규례가 선악을 알게 하는 나무 열매를 먹지 않는 것이다. 그러므로 선악과는 행복의 울타리요, 행복 매뉴얼이다.

선악을 알게 하는 나무를 볼 때마다 하나님의 마음이 보인다. 내가 행복하기 원하고, 우리 가족이 행복하기 원하고, 교회가 행복하기 원하고, 이 민족이 행복하기 원하고, 세상 모든 민족이 행복하기 원하시는 하나님의 마음을 본다.

사람들은 하나님을 인정하지 않고 성경을 무시한다. 자신이 신이 되어 살아가려고 한다. 이러한 의도는 왕을 부인하고 모두가 왕이 되려고 시도하는 것과 같다. 결국, 무정부 상태가 되면 내전에 빠져들게 될 것이다. 모든 인간이 신이 되려고 하는 세상은 점점 지옥을 향해 가는 것과 다르지 않다.

선악과는 범주요, 하나님을 보여주는 계시요, 하나님의 사랑을 보여주는 성경이요, 행복 울타리였다. 선악을 알게 하는 나무를 볼 때마다 하나님의 깊은 마음을 본다. 그리고 멀리 바라보는 하나님의 혜안을 본다. 선악과를 볼 때마다

'좋으신 하나님'이라는 노래가 입가에서 떠나지 않는다.

　좋으신 하나님
　좋으신 하나님
　참 좋으신 나의 하나님

chapter 4

흙덩어리의 반란

주인 없는 빈 집!
아무리 채워도 채워지지 않는 밑바닥 없는 무저갱!
이것이 존재가치가 사라진 흙덩어리이다.
하나님의 영이 떠난 허전한 공간을 채우기 위해 흙덩어리는
또 다른 소유가치를 찾아 헤맨다.

하나님의 사랑을 한몸에 받으며 하나님의 나라를 누리며 사는 존귀한 흙덩어리인 아담과 하와에게 사단이 다가온다. 그들의 귀에 속삭이기 시작한다.

"너도 하나님처럼 될 수 있단다."

"내 말을 따르면 다른 세계가 너를 기다리고 있단다."

달콤한 사단의 유혹을 따라 영혼을 지닌 흙덩어리는 하나님에 대하여 등을 돌리고 사단을 따라나선 것이다. 흙덩어리의 반란이 시작된 것이다.

이와 같은 반란으로 하나님과의 관계가 망가져 버린 흙덩어리는 자기 자신도 용납할 수 없게 되고, 배우자와의 관계도 무너지고, 자녀와의 관계도 깨지고, 자연과의 관계도 망가지고 만다.

창세기 3장에서 시작된 흙덩어리의 죄는 4, 5, 6장으로

갈수록 더욱 사악해져 갔다. 사람을 지으신 하나님은 사람의 죄악이 세상에 가득함과 그의 마음으로 생각하는 모든 계획이 항상 악할 뿐임을 보시고 땅 위에 사람 지으셨음을 마음에 근심하시고 한탄하셨다. 그리고 홍수로 심판하실 것을 계획하셨다. 사람으로부터 가축과 기는 것과 공중의 새까지 멸하셨다(창 6:5-7). 여인의 후손으로 오실 메시아의 혈맥을 이을 자로 심판 중에 노아의 여덟 가족을 방주를 통하여 구원하셨다. 이것을 '노아 홍수 심판'이라고 한다.

지구의 대격변이 홍수로 말미암은 것이었음을 지질학자들은 석회암 지층 구조를 통해 설명하고 있다. 저탁류에 의해 형성된 지층들을 미국 그랜드 캐니언이나 브라이언 캐니언을 통해 선명하게 볼 수 있다. 이곳뿐 아니라 저탁류에 의해 형성된 석회암 지층구조를 많이 볼 수 있다.

어떤 산에는 소금이 있고, 어떤 사막에서는 석유가 난다. 이것이 무엇을 말해 주는가? 지구의 대격변이 홍수를 통해 일어났음을 증명해주고 있는 것이 아닌가?

언어학적으로 한문에서 큰 배를 지칭할 때 쓰는 한자(船/배 선)는 배 주(舟)변에 여덟 팔(八)에 입구(口)로 구성되어 있다. 한문은 뜻글자다. 이것이 무엇을 말해 주는가? 글자를 만든 자들이 노아의 여덟 식구를 태운 배를 알고 있었다는 것이다.

노아의 홍수 심판이 무엇을 말해 주는가? 가장 아름답고 존귀하게 지어진 사람이 사악해져서 그들을 지으신 하나님이 눈 뜨고는 볼 수 없었다는 것을 말하고 있다. 그들 안에 계신 하나님의 영이 그들과 도저히 함께 거주할 수 없었다. 하나님의 영이 도저히 그들과 함께 할 수 없게 되었을 때 하나님은 중대 결정을 내리신다. 그것이 무엇인가?

> 여호와께서 이르시되 **나의 영이**
> 영원히 **사람과 함께 하지 아니하리니**
> (창 6:3상)

사람들을 성전 삼고 계신 하나님의 영이 사람에게서 철수하신 것이다. 하나님의 영이 그들에게서 철수하신 이유가 무엇인가?

> ...이는 그들이 **육신**이 됨이라...
> (창 6:3중)

하나님의 영을 외면하고 하나님의 영과는 아무 관계가 없는 존재가 되었다는 말이다. 하나님의 영을 따라 살기보다 육신의 생각을 따라 살고, 육신의 소욕을 따라 살게 되므로 그들은 육신이 되었기 때문이라고 하신다.

존재가치를 잃은 흙덩어리

하나님의 영이 떠난 인간은 움직이는 흙덩어리에 불과하

다. 하나님의 영이 떠남으로 하나님에게서 완전히 분리된 상태가 된 것이다. 하나님의 영을 모신 성전이 이제는 주인 없는 빈집이 된 것이다. 하나님의 영이 떠남으로 이제는 죄의 종, 저주의 종이 되어 사단의 종노릇을 하게 된 것이다. 하나님과 친밀한 관계를 누리는 특권이 사라지니 채워지지 않는 목마름과 외로움 속에 고독한 흙덩어리가 된 것이다. 흙덩어리가 경험하는 모든 것은 혼돈과 공허뿐이다.

하나님의 영이 철수한 흙덩어리는 존재론적으로 아무 가치가 없는 존재가 된 것이다. 하나님의 아들이요 하나님의 영이 거주하던 성전은 죄 덩어리, 저주 덩어리, 슬픔 덩어리, 질병 덩어리, 절망 덩어리, 사망 덩어리, 지옥 덩어리가 된 것이다. 존재론적인 가치가 다 상실된 것이다.

흙덩어리의 목마름

존재가치를 잃은 흙덩어리는 아무리 비를 맞아도 금방 말라 버리는 대지처럼 목마름에 허덕일 뿐이었다. 인생이 잘 풀려도 힘들고, 잘 풀리지 않아도 힘들다. 사업이 잘되어도 힘들고 안 되어도 힘들다. 누군가가 알아주어도 귀찮고 알아주지 않아도 괴롭다. 높은 자리에 올라가도 힘들고 낮은 자리에 있어도 괴롭다. 돈은 얻었는데 행복은 점점 더 멀어지고, 인기는 얻었는데 더 외로워지고, 권력은 얻었는데 더 힘들어진다. 아무리 채우려고 해도 채워지지 않는 흙덩어리의 본질적인 문제가 있다.

왜 그럴까? 공허하기 때문이다. 하나님을 등진 인간, 하나님의 영이 떠나버린 흙덩어리는 아무리 채우려고 해도 채워지지 않는, 밑바닥이 없는 공허한 무저갱과 같다.

인간을 유혹하여 무가치한 존재로 무너뜨린 사단은 다양한 당근들을 제시한다.

"술 마셔."

"담배 피워."

"드라마 봐."

"영화 봐."

"여행 다녀."

"골프 쳐."

"취미 생활해."

"낚시 다녀."

"게임해."

"도박해."

술을 아무리 마셔도 목마름은 해갈되지 않는다. 영화와 드라마는 보면 볼수록 허탈해진다. 여행을 다녀 봐도 골프를 쳐 봐도 채워지지 않은 흙덩어리의 고민은 깊어만 간다. 사단이 제시한 당근에 빠져 소중한 시간을 투자하지만 시간이 흐를수록 공허한 늪 속에 빠지고 만다. 당근은 결국 흙덩어리를 더욱 깊은 수렁에 빠뜨리고 만다.

흙덩어리의 반란

소유가치로 채워보려고 몸부림치는 흙덩어리

하나님의 영이 떠남으로 존재가치가 사라진 그 자리, 하나님만이 채울 수 있는 그 자리에 흙덩어리는 소유가치로 대신 채우려고 목숨을 건다.

하나님의 영이 떠난 그 빈 곳은 하나님 이외의 그 어떤 것으로 채울 수 없음에도 불구하고 채울 수 있다는 확신을 가지고 끝없이 살아간다.

흙덩어리가 붙든 소유가치가 무엇인가? 어떤 이는 일을 붙든다. 부지런히 노력하면 만족한 삶을 누리게 될 것이라는 확신을 하고 일생을 살아간다. 어떤 이는 돈을 붙든다. 더 많이 소유하면 만족한 삶을 누릴 수 있을 것이라는 확신을 가지고 일생을 바친다. 어떤 이는 일, 돈보다 중요한 것은 건강이라고 생각하고 건강을 최상의 가치로 여기며 일생을 건강을 위해 살아간다. 어떤 이는 건강할 때 즐기며 사는 것이 최선의 삶이라고 생각하고 쾌락을 붙들고 평생 살아간다. 어떤 이는 자식을 붙든다. 자식이 최고라고 생각하고 일평생 그 자식을 위해 헌신한다. 어떤 이는 명예와 권력을 위해 일생을 바치기도 한다.

최상의 소유가치로 여기는 일, 돈, 건강, 쾌락, 자식, 명예와 권력들이 그들의 신이며 목숨이며 존재 이유기도 하다. 이런 소유가치들이 무너지는 순간 목숨이 무너지는 것 같이 느낀다. 마치 자신이 무너지는 것으로 여긴다. 그 순간에서야 소유가치에 속았다는 사실을 절절히 깨닫게 된다. 삶의 의미와 목적을 잃어버리게 된다. 이 얼마나 어리석은 일인가?

하나님의 영이 떠난 허전한 공간은 오직 하나님으로만 채울 수 있는데 흙덩어리는 또 다른 소유가치를 찾아 헤맨다. 이것이 아버지의 품을 떠난 탕자처럼 방황하는 영혼의 현주소가 아닐까?

흙덩어리의 깊은 고민과 질문들

"나는 누굴까?"
"인생은 어디서 왔을까?"
"나는 왜 행복하지 않을까?"
"내가 할 수 있는 것이 뭘까?"
"도대체 나는 어디를 향해 가고 있는 것일까?"

또 다른 소유가치를 찾아 그 속에서 자기를 찾으려 한다. 그리고 행복을 찾고 길을 찾으려 몸부림친다. 무엇인가 찾아 손에 잡히는가 싶다가도 신기루와 같이 사라져 버린다. 이로 인해 흙덩어리는 점점 더 깊은 고민에 빠지고 만다.

우물가에 여인처럼 난 구했네 헛되고 헛된 것들을…

길 잃은 인간...

chapter 5
방황하는 흙덩어리

인간을 노예삼은 사단은
하나님 품으로 돌아가지 못하도록
대용품을 만들어 방황하게 한다.
당신은 어디에 있는가?
하나님 안에 있는가?
하나님 밖에 있는가?

하나님의 영이 떠남으로 영혼을 지닌 흙덩어리 내면에 하나님의 영이 떠난 흔적이 남아 있다. 흙덩어리가 그 흔적을 인식하게 되는데, 그 인식을 인간 내면에 꿈틀거리는 '신인식'이라고 한다.

샤머니즘에 잡힌 흙덩어리

하나님의 영이 떠난 흙(인간) 즉 육체가 된 인생은 살면 살수록 제한적 존재라는 사실을 스스로 깨닫게 된다. 혼돈과 공허 속에 빠진 흙덩어리는 끝없는 목마름을 해결하기 위해 무저갱과 같은 자신을 채워보려고 발버둥 치다가 자신의 한계를 느낄 때 신인식에 따라 신을 찾아가게 된다.

흙덩어리를 하나님에게서 떼어내는 데 성공한 사단은 그 흙덩어리가 다시 하나님을 찾아가지 못하도록 흙덩어리의 마음을 혼미하게 하여(고후 4:4) 하나님을 바라보는 눈을 가리고 하나님의 음성을 듣는 귀를 막아버린다(롬 11:8). 그리고 하나님을 썩어질 사람과 새와 짐승과 기어 다니는 동물 모양의 우상으로 바꾸어 놓고 이렇게 말한다.

"이것이 네가 섬겨야 할 신이니라."

사단에 의해 눈이 가려지고 혼미케 된 흙덩어리가 신을 찾아가는 가장 보편적 행위가 제사이다. 이런 제사 제도는 브라질 아마존 정글에 들어가도 있고, 아프리카 정글에 들어가도 있고, 남부 아시아 인도에 가도 있다. 비기독교 국가 중에는 대부분 제사 제도가 있다고 보아도 된다. 그러나 복음이 들어간 나라마다 제사 제도가 사라진 것을 볼 수 있다.

알지 못하는 신에게 고사를 지내든 당산나무 아래서 기우제를 드리든 명절이나 제삿날에 조상에게 제사를 드리든 간에 그 제사는 누구에게 하는 것일까? 성경은 이렇게 말한다.

> 무릇 이방인이 제사하는 것은 **귀신**에게 하는 것이요
> 하나님께 제사하는 것이 아니니
> 나는 너희가
> **귀신**과 교제하는 자가 되기를 원하지 아니하노라

> 너희가 주의 잔과 **귀신**의 잔을 겸하여 마시지 못하고
> 주의 식탁과 **귀신**의 식탁에 겸하여 참여하지 못하리라
> (고전 10:20-21)

명절이나 제삿날에 우리는 조상을 섬기는 정성으로 상을 차려드리지만, 그 음식을 조상이 먹을 수 있는가? 이미 입도, 식도도, 위도, 장도 다 망가져 흙으로 돌아간 육신이 어떻게 먹을 수 있겠는가?

제사상 앞에 엎드려 절을 한들 조상이 와서 그 절을 받을 수 있겠는가? 성경은 말한다. 그 상을 받으며 그 절을 받는 자는 조상이 아니라 조상들의 생명을 도둑질하고 죽였던 사단이 부리는 귀신들이라고 말한다. 조상에게 제사를 드리는 것은 조상들을 괴롭히고 멸망시켰던 원수에게 제사를 드리는 것이다.

제사를 지내는 나라와 지내지 않는 나라들을 비교해 보라. 기독교 복음의 빛이 비치고 지나간 나라들은 제사 제도가 모두 사라졌다. 이스라엘, 스위스, 노르웨이, 덴마크, 네덜란드, 호주, 영국, 독일, 프랑스, 미국…. 제사를 지내는 문화에서 헤어 나오지 못한 나라나 민족들을 보라. 저주의 늪 속에서 헤어 나오지 못하고 있다. 그것이 무엇을 말하고 있는 것인가?

이처럼 흙덩어리는 자신의 힘으로는 불가능하다고 느껴질 때마다 신인식에 따라 도울 자를 찾는다.

"이 상황에서 정말 나를 도와줄 자가 누구일까?"

도와줄 자를 찾다가 어떤 신과 친하게 지내는 샤먼, 즉 무당이나 점쟁이를 발견하게 되고 그 샤먼을 찾아가 도와주기를 이렇게 간청한다. "당신이 섬기는 신에게 빌어서 나를 도와주도록 해 주세요." 이런 종교적인 형태의 행위를 통칭 '샤머니즘'이라고 한다.

고등 종교를 찾아...

흙덩어리는 샤머니즘에 사로잡혀 점집을 찾고 무당을 찾아 도움을 구한다. 그런데 이상한 것은 굿을 해주고 점을 봐주는 그들의 형편이 나와 별반 다를 게 없거나 더 못한 경우가 많다는 것이다.

"왜 이들은 나보다 더 어렵게 살까?"

"이들이 잘 되는 비결을 알면 왜 이들은 어렵게 살까?"

"왜 나는 이렇게 유치한 방법으로 신의 도움을 찾는 걸까? 조금 더 품위 있고 능력 있는 신을 찾아가야 하지 않을까?"

인간을 하나님으로부터 떼어내어 자신의 노예로 삼은 사단은 하나님 품으로 돌아가지 못하도록 다양한 대용품들을 만들어 놓았다. 그것이 다양한 종교들이다. 경전이 있는 종교를 '고등 종교'라고 하고 경전이 없는 종교를 '하등 종교'라고 구분한다. 이 모든 종교는 인간 스스로 구원을 얻을 수 있다고 주장한다. 자력 종교인 셈이다.

하나님의 영이 떠난 흙덩어리의 지혜로 다양한 종교들이 만들어진다. 수준 높은 철학이 존재하기도 하고 매력 있는 윤리가 존재하기도 한다. 배후에 사단이 역사하고 있으므로 접신 체험이나 흙덩어리 수준을 뛰어넘는 기사와 표적이 나타나기도 한다.

목마름을 축일 수 있는 시원함과 인간이 추구하는 철학과 수준 높은 도덕에 매력을 느끼게 되면서, 인간의 한계를 뛰어넘어 역사하는 기사와 표적이 나타남으로 의심 없이 그 종교에 일생을 바치며 맹종하게 된다. 그러나 그것으로 죄의 문제가 해결되거나, 저주와 심판의 문제가 해결되거나 지옥의 문제가 해결되는가? 전혀 그렇지 않다.

힌두교와 불교의 문을 두드리는 흙덩어리

"인간이 뭐죠?"
"나는 왜 행복하지 않은 거죠?"
"내가 어떻게 해야 할까요?"
불교가 대답한다.
"인생은 色自性空(색자성공)이요. 色不異空 空不異色(색불이공 공불이색)이니 色卽是空 空卽是色(색즉시공 공즉시색)이니라(반야심경에 나오는 불교의 핵심 구절)."

이 말을 해석하면 이렇다.

色自性空(색자성공)이란?

색은 자신의 성질이 공이라는 뜻이고,

色不異空 空不異色(색불이공 공불이색)이란?

색이 공과 다르지 않고, 공이 색과 다르지 않다는 뜻이고,

色卽是空 空卽是色(색즉시공 공즉시색)이란?

'색'이 곧 '공'이요, '공'이 곧 '색'이라는 뜻이다.

여기서 말하는 '색'이란 보이는 세계를 말하고, '공'이란 보이지 않는 세계를 말한다.

이 말을 이해하기 쉽게 표현하면 색(色)이 공(空)이 되고 다시 공(空)이 색(色)이 되는 것이 인간이라는 말이다. 색을 지닌 인간이 흙으로 돌아가 공이 되었다가 다시 색으로 돌아오는 것이 인간이라는 것이다. 불교의 역사관은 공이 색이 되고 다시 색이 공이 되고 다시 공이 색이 되는 돌고 도는 윤회로 본다. 이런 측면에서 인간은 자연으로 돌아갔다가 다시 색이 되어 태어나는 존재로 보는 것이다.

불교와 힌두교에서는 인간을 자연 일부로 본다. 여기서 인간의 존엄성을 찾을 수 있는가? 욕심을 버리고 마음을 닦는다고 죄를 이길 수 있는가? 스스로 죄의 문제, 저주의 문제, 심판의 문제, 지옥 형벌의 문제를 해결할 수 있는가? 불교의 수행법은 스트레스에 지친 현대인들에게 속세를 떠나 지친 마음을 수행하여 일정 기간 쉼을 누릴 수 있게 한다. 그러나 일상으로 다시 돌아와 사회의 일원으로서, 가정

을 섬기는 가정의 일원으로서 살아가는 과정 중에 다시 스트레스는 쌓이고 피곤함에 지쳐간다.

이런 생활에 지친 사람들이 자기만 열반(구원)에 이르겠다고 스스로 성불하기 위해 속세를 떠나 수행 정진에만 매달리고 있다면 가정과 사회는 누가 돌볼 것인가?

한국 불교의 사표라고 할 수 있는 성철 스님을 보면 수행 정진의 끝자락에서 깨닫는 지혜는 자신이 죄인이라는 사실이었다. 늘 자신의 마음을 닦고 닦아 내면을 들여다보면 추하고 더러운 죄악된 모습을 발견하게 된다. 기복신앙에 물들지 않고 석가모니의 수행방법에 따라 바르게 수행정진에 힘쓰다 보면 결국 자신이 죄인이라는 사실을 깨닫는 것이다. 죄의 문제를 해결하거나 지옥의 문제를 해결할 수 없다. 죄의 수렁에 빠진 자가 어찌 스스로 그 죄의 수렁에서 빠져나올 수 있겠는가?

성경은 말한다.

> 우리는 다 양 같아서
> 그릇 행하여
> 각기 제 길로 갔거늘
> 여호와께서는 우리 모두의 죄악을 그에게 담당시키셨도다
> (사 53:6)

그렇다. 하나님은 인간 스스로가 해결할 수 없는 죄와 형벌의 문제를 그의 외아들 예수 그리스도에게 담당시키셨다. 이것이 기독교 복음이며 구원의 길이다. 이 구원의 길은 인

간 스스로 할 수 없기에 인간을 지으신 하나님이 친히 마련하신 은총이다.

인간 구원은 하나님의 은혜가 아니면 불가능하다. 하나님의 은혜가 BC와 AD를 가르고 오신 예수 그리스도로 말미암아 나타나셨다. 그 은혜를 누릴 수 있는 유일한 길은 오직 예수 그리스도를 인격적으로 영접하고 그분 안에서 살고 그분을 따라 사는 믿음으로만 가능하다.

유교의 문을 두드리는 흙덩어리

"나는 왜 이렇게 불행한가요?"
"내가 어떻게 해야 할까요?"
유교가 대답한다.

"仁義禮智信(인의예지신)이 부족해서 당신이 불행하고 세상이 이렇게 병들어가고 있습니다."

仁義禮智信(인의예지신)은 오륜과 함께 유교 윤리의 근본을 이루고 있다. 맹자가 말한 仁義禮智(인의예지)에 한대의 유학자 동중서가 信(신)을 보태어 오대덕목이 되었다.

仁은 측은지심(惻隱之心)으로 불쌍히 여겨 정을 나누는 마음이다.

義는 수오지심(羞惡之心)으로 불의를 부끄러워하고 악은

미워하는 마음이다.

禮는 사양지심(辭讓之心)으로 겸손한 마음으로 남을 위해 배려하고 사양하는 마음이다.

智는 시비지심(是非之心)으로 옳고 그름을 가릴 줄 아는 마음이다.

信은 광명지심(光名之心)으로 중심을 잡고 바르게 서서 밝은 빛을 나타냄으로 믿음을 주는 마음이다.

유교에서는 우주만물(宇宙萬物) 중에서 사람을 가장 귀하게 여겼다. 금수(禽獸)와 달리 사람이 가장 귀한 이유는 인륜(人倫)과 도덕(道德)이 있기 때문이라고 했다. 이 때문에 인륜과 도덕이 없는 사람은 생물학적으로는 '사람'일지 몰라도 사회적으로는 '사람'으로 인정하지 않았다. 따라서 유교의 오대덕목은 억불숭유정책을 국시로 삼았던 조선시대부터 이 나라에 들어와 사회 전체의 윤리를 세우는 데 기본이 되었다. 그러나 유교의 교리를 생명처럼 지켜왔던 조선시대 양반층은 조선시대 역사를 어떻게 기록해 왔던가?

조선시대 말, 한국의 인권상황과 경제적인 여건을 생각해 보라. 인륜과 도덕을 중시하는 유교가 미친 영향이 어느 정도였는가? 유교가 도덕 지수를 높이는 데 약간의 유익을 준 것만은 부인할 수 없다. 그러나 죄의 문제를 해결할 수 있었는가? 저주의 문제를 해결하였는가? 심판과 지옥의 문제를 해결하였는가?

유교사상은 죽은 조상에게까지 효와 예를 다해야 한다고

주장하며 제사를 강조했다. 결국, 제사를 통해 귀신과 교제하게 했고 귀신의 지배 아래 살게 했다. 평생 귀신을 섬기는 노예로 살도록 했다. 이것이 무엇을 말해 주는가? 결국, 유교 배후에 사단이 있다는 것을 알 수 있다. 이처럼 사단은 언제나 광명한 천사로 가장하여 도둑질하고 죽이고 멸망시키려고 나타나고 있음을 알게 된다. 매력 있는 도덕과 윤리의 옷을 입고 유교라는 이름으로 나타났지만, 인간의 모든 것을 송두리째 빼앗아가기 위해서 사단이 만들어 놓은 대용품이었음을 알게 된다.

흙덩어리 스스로 교주가 되는 시대

"나는 종교를 믿지 않아."

이런 사람들이 우리 주변에 많다. 이런 사람들은 자기가 그 종교의 교주인 것이다. 이 사람은 자기를 믿는다. 자기 윤리를 믿고 자기가 세워 놓은 원리를 믿고 그 원리를 지키며 살려고 노력한다. 그러나 이 배후에 사단이 역사하고 있음을 모른다.

"네가 하나님이 되라."

"이 세상에서 믿을 수 있는 존재는 너뿐이야."

"너 하고 싶은 대로 살아라. 너를 억압할 존재는 없어."

"너 하고 싶은 대로 표현해. 그게 예술이야."

이 얼마나 달콤한 속삭임인가? 현대에 딱 맞는 말 같지 않은가? 그러나 배후에 도둑질하고 죽이고 멸망시키려고 다가오는 사단이 역사하고 있음을 아는 자는 거의 없다.

한 걸음 더 나아가 사단은 이렇게 속삭인다.

"네가 더 멋진 신이 될 수 있어."

"너도 행복의 극치를 느끼는 신이 될 수 있어."

부드러운 음악이 있고 명상이 있는 종교집회를 통하여 접신을 유도한다. 이것이 바로 뉴에이지(New Age) 운동이다. 뉴에이지 운동은 만물 안에 신이 존재한다는 범신론에 근거하여 퍼지고 있다. 마음과 영혼을 만져주는 감미로운 뉴에이지 음악을 즐기며 접신케 하는 배후에 사단이 역사하고 있음을 아는가?

짝퉁 교회와 진품 교회

다양한 이교(異敎)의 대용품들을 많이 만들어 놓은 사단은 진품과 비슷한 짝퉁 교회를 많이 만들어 놓고 있다. 예수의 이름을 말하고 하나님을 경배하는 것 같지만, 진품 교회가 아닌 짝퉁 교회를 사단은 셀 수 없이 만들어 놓고 유혹하고 있다. 이런 진품이 아닌 짝퉁 교회를 기독교에서는 '이단'이라고 한다.

이단에 소속된 교회가 아니라도 기성 교단에 소속된 교

회 중에서도 복음의 본질에서 벗어난 교회가 많다. 바른 믿음이 아닌 다른 믿음에 빠진 이들이 많이 존재한다.

요한계시록은 예언서다. 초대 예수님의 열두 제자 중에 한 분인 사도 요한에게 앞으로 전개될 일에 대하여 예수님이 친히 보여준 계시가 바로 요한계시록이다. 계시록은 '일곱 교회', '일곱 인', '일곱 나팔', '일곱 대접' 이런 순으로 기록되어 있다. 순서의 의미가 있다. 일곱 교회 시대가 지나면 일곱 인이 쏟아지고 일곱 인이 쏟아지고 나면 일곱 나팔이 불려지고 일곱 나팔이 불려지고 나면 일곱 대접이 쏟아진다는 말이다.

일곱 교회란 교회 시대에 교회가 어떤 모습으로 존재하게 될 것인가를 보여 준다. 일곱 교회 중에 다섯 교회는 책망을 받고 두 교회는 칭찬을 받는다. 예를 들어 알기 쉽게 표현한다면 한국교회의 수가 7만 교회라면 5만 교회는 책망을 받는 교회요, 2만 교회는 칭찬을 듣고 있는 교회라는 것이다. 책망받는 교회가 두 배 반이나 된다는 것이다. 이런 모습이다 보니 세상 사람들이 기독교를 '개독교'라고 질타하고 있다.

책망받는 교회 중에 처음 사랑을 잃어버린 에베소교회와 같은 교회가 있고, 많은 교인이 니골라당 교리에 넘어가 있는 버가모교회와 같은 교회가 있고, 이세벨 음녀(사단)에게 대부분의 교인이 넘어가 있는 두아디라교회와 같은 교회가 있고, 살았다 하는 이름은 가졌으나 죽은 사데교회와 같은 교회가 있다. 교인도 많고 건물도 큰데 예수님이 없는 라오디게아교회와 같은 교회가 있다.

그러나 열린 문의 복을 받은 빌라델피아교회와 같이 칭찬받는 교회가 있고, 비록 환란이 있고 궁핍이 있지만 칭찬받는 서머나교회와 같은 교회가 있다. 그러므로 세상에 있는 모든 교회가 다 병들고 문제가 있는 것은 아니다. 교회다운 교회도 존재하고 있다.

교회 선택은 학교 선택보다 더 중요하다. 가까운 교회라고 좋은 교회가 아니다. 왜 지방에서 서울에 있는 명문 대학을 보내는가? 다 같은 대학이 아니기 때문이다. 우리 주변에 많은 교회가 있지만 다 같은 교회가 아니기 때문이다. 교회의 크기나 위치를 떠나서 어떤 교회가 좋은 교회인가?

좋은 교회는 사람이 주인 노릇 하는 교회가 아니다. 예수님이 주인 된 교회다. 강난에서 사람의 사상이나 생각이 전해지는 교회가 아니라 오직 하나님의 말씀, 예수님의 말씀, 즉 복음이 전해지는 교회이다. 예수님이 요구하신 믿음(마 16:24)을 늘 강조하는 교회요, 바울의 신앙고백(갈 2:20)을 나의 고백으로 강조한 교회다. 담임목사를 비롯한 교회 구성원들을 통해 예수님의 모습이 드러나고 있는가를 살펴야 한다. 만약 담임목사를 중심으로 교회 구성원 모두가 육신에게 져서 육신대로 살며 오직 인간 냄새밖에 풍기지 않는다면 그 교회는 건강한 교회가 아니다.

나는 수십 년 동안 신앙 생활하면서 수많은 사람을 보았다. 좋은 교회 만나 복음을 누리며 살 뿐 아니라 그의 가족 모두가 놀라울 정도로 땅의 모든 족속에게 복이 되는 복덩어리로 사는 것을 보았다. 반대로 건강하지 못하고 병든 교회를 만나 같이 병들어가는 것을 너무도 많이 보아 왔다. 교회 선택에 성도의 생명과 미래가 달려 있다.

세상의 모든 종교는 결국 둘 뿐이다

세상에는 흙덩어리인 인간이 만든 종교가 많이 있다. 그러나 그 모든 종교의 창시 때부터 배후에 역사하는 존재는 사단이다. 그러므로 세상의 종교는 크게 나누어 둘 뿐이다. 어떤 이름을 가졌든지 어떤 옷을 입고 나타나든지 둘 뿐임을 알 수 있다. 하나님 안에 있느냐? 하나님 밖에 있느냐? 둘 뿐이다. 다시 말하면 하나님 안에 있는가? 사단 안에 있는가? 이 둘 뿐이다. 사단 안에 있지 않으면 하나님 안에 있는 것이다. 하나님 안에 있지 않으면 사단 안에 있을 뿐이다. 스스로가 아무리 부인을 해도 이 범주를 벗어날 수 없다.

요한계시록 12장에 보면, 용과 그의 사자들과 미가엘과 그의 사자들이 싸운다. 결국 미가엘과 그의 사자들에게 용과 그의 사자들이 쫓겨난다. 사단에게 속한 자들은 결국 무저갱과 유황불 못에 빠진다. 어린 양 예수 그리스도를 통해 구원받은 하나님의 아들들은 천년왕국을 누리며 새 하늘과 새 땅으로 들어가게 되는 것을 보게 된다. 이것이 무엇을 말해 주는가? 하나님 안에 있느냐? 사단 안에 있느냐? 이것이 영원한 운명을 결정짓는다.

나는
너 없이
못 살겠어
내 품에 꼭 품을거야!

chapter 6
수렁에 빠진 흙덩어리를 찾아…

범죄한 아담, 그냥 멸하셔도 될텐데…
왜 굳이 "아담아! 네가 어디 있느냐?"
목 놓아 부르시며 찾아가실까…
부모가 되어 이제야 깨달았다!

    하나님의 말씀보다 사단의 말을 더 좋아해서 하나님에 대하여 등을 돌리고 사단의 말을 받아들이고 떠난 아담과 하와를 하나님은 왜 애타게 부르시며 찾아가실까?

    하나님은 아담과 하와를 자신의 마음에서 지우개로 지우듯이 싹 지워버리시고 얼마든지 또 다른 인간을 지어 인류의 조상으로 삼으실 수 있는 분인데 왜 굳이 자신의 자존심과 스타일을 구기고 찾아가는 것일까?

    행복의 울타리를 벗어난 아담과 하와가 죄의 바다, 저주의 늪에서 처절한 인생을 살도록 그냥 못 본 체하지 않으시고 왜 찾아가실까?

    사단의 노예가 되어 가슴 아픈 인생을 후회하면서 살도록 그대로 두시고 아담과 하와보다 더 멋진 또 다른 인간을 지으신 후 하나님의 범주 속에서 행복을 누리는 모습을 보여줌으로 등을 보이고 떠난 아담과 하와를 열 받게 하실 수 있는데 왜 아담과 하와를 버리지 못하고 끝까지 찾아가실까?

범주를 벗어나 불행의 늪에서 힘겹게 살아가는 아담과 하와의 모습을 새로 지음 받은 피조물들에게 보여줌으로 다시는 행복의 울타리를 벗어나지 못하게 하는 예방 모델로 삼으실 수가 있을 것 같은데 왜 꼭 아담과 하와를 찾아가실까?

어떤 분은 이런 하나님의 모습을 보면서 화가 났다고 한다. 마치 삼류 소설처럼 느껴졌다고도 한다. 아담과 하와가 범죄한 순간에 생명을 거두시든지, 아니면 유황 불못에 바로 던져버리면 될텐데 왜 끝까지 찾아가실까?

또 어떤 목사님은 성경의 이 부분을 읽을 때마다 이해가 되지 않았다고 한다. 범죄한 순간 그냥 멸하시면 될텐데 왜 굳이 "아담아, 네가 어디 있느냐?" 목 놓아 부르면서 끝까지 찾아가는 것일까? 하나님이 종교를 형성하기 위해 시나리오를 쓴 것이 아닌가라는 생각이 떠나지 않았다고 한다.

그러던 어느 날 그 목사님의 아들이 시름시름 앓기 시작했다. 그 병든 아들을 치료하기 위해 좋다는 병원은 다 찾아다녀도 아이의 병은 깊어만 갔다. 틈틈이 저축해 두었던 돈도 바닥이 났다. 병든 아들을 어떻게 하든지 살려보려고 은행 대출을 받기도 하고 사채를 빌려 통증에 시달리는 아이를 안고 이 병원, 저 병원 응급실을 전전하는 자신의 모습을 보면서 문득 '하나님의 마음도 바로 이런 마음이셨구나!'라는 생각이 들면서 성경이 이해되기 시작했다고 한다.

'아하! 자식은 병들었다고 버릴 수 있는 것이 아니고, 재산을 다 탕진했다고 버릴 수 있는 것도 아니구나!'

병들어 신음하는 자식을 향해 '죽으면 또 낳으면 되지!' 라고 말할 수 없는 것이 아버지의 마음이라는 것을 깨달았다. 비로소 하나님의 마음이 깨달아지면서 눈에서는 하염없는 눈물이 주체할 수 없이 흐르고 있었다. '아하! 이런 하나님의 마음을 내게 깨닫게 하려고 이 아들이 고생하는구나!' 생각하니 그 아스팔트 위에 무릎을 꿇고 통곡하지 않을 수 없었다.

끊을 수 없는 사랑의 관계, 이것이 하나님과 아담의 관계요, 하나님과 하와의 관계요, 하나님과 나와의 관계이다. 이 관계는 변하지 않는다. 아담과 하와 그리고 나는 변할 수 있다. 그러나 하나님은 결코 변하지 않으신다. 이것이 하나님의 마음이다. 이 마음이, 이 사랑이 "아담아! 네가 어디 있느냐? 네가 어디 있느냐?" 애타게 찾게 한다. 이것이 등을 보이고 떠난 아담과 하와 그리고 나를 포기할 수 없는 하나님의 마음이다. 우리는 이렇게 노래할 수 있다.

하늘을 두루마리 삼고 바다를 먹물 삼아도
한없는 하나님의 사랑 다 기록할 수 없겠네
하나님의 크신 사랑 그 어찌 다 쓸까
저 하늘 높이 쌓아도 채우지 못하리
하나님 크신 사랑은 측량 다 못하네
영원히 변치 않는 사랑 성도여 찬양하세

끊을 수 없는 사랑의 관계,
이것이 하나님과 아담의 관계요,
하나님과 하와의 관계요,
하나님과 나와의 관계이다.

Story 2

01. 절망에서 희망을…
02. 더딤 속에서 보석을…
03. 그늘진 인생을 열방의 복덩어리로…
04. 거짓과 욕심덩어리를 역사의 주역으로…
05. 버린 돌을 머릿돌로…
06. 못난이를 빛난 인물로…
07. 율법에 담긴 하나님의 마음
08. 서러운 자를 민족의 등불로…
09. 버림받은 자를 왕으로…

The heart of God

STORY 2
복음에 담긴 하나님의 마음

Never give up!

chapter 1
절망에서 희망을…

"아담아!
나는 너를 절대 포기할 수 없단다!"
Never!
Never!
Never give up!

정치외교학과 학생들에게 한 질문이다.
'어떤 지도자를 존경하는가?'
'가장 존경하고 본받고 싶은 지도자는 누구인가?'
가장 많은 대답이 미국의 제16대 대통령 에이브러햄 링컨(Abraham Lincoln)이고, 두 번째로 존경받는 지도자는 영국 총리를 지낸 윈스턴 처칠(Winston Churchill)이라고 한다.

처칠이 은퇴한 후 모교의 교장 선생님의 간곡한 부탁으로 모교 강단에 선 적이 있었다. 교장 선생님은 처칠을 모교 출

절망에서 희망을… 73

신의 훌륭한 선배이자 영국에서 가장 존경받는 총리라고 소개하면서 학생들에게 말씀 한마디도 놓치지 말라고 간곡히 당부했다. 그런데 강단에 선 처칠의 강의 내용은 단 세 마디뿐이었다.

"절대 포기하지 마라! 절대 포기하지 마라! 절대 포기하지 마라! (Never give up! Never give up! Never give up!)"

그리고 그는 강단에서 내려왔다. 많은 말들을 받아 적으려고 필기 준비를 한 학생들은 어리둥절할 수밖에 없었다. 그러나 그 세 마디는 후배 학생들의 머리에서 떠나지 않는 말이 되었다.

윈스턴 처칠은 옥스퍼드대학 졸업식에 초청받아 축사할 때도 "결코, 결코, 결코 포기하지 마라(Never, Never, Never Give Up!)."라는 말로 졸업생들에게 희망과 용기를 심어준 바 있다. 윈스턴 처칠이 중요한 자리에서 권면할 때마다 이렇게 말한 이유가 있다.

그는 귀족 가문의 상속자로 태어났다. 그러나 그는 누구도 관심 두지 않은 말썽꾸러기였다. 처칠의 학창 시절은 주목받지 못했으며 공부도 잘하지 못했다. 해로우 공립학교(중학교)를 최저 성적으로 들어갔고, 성적이 나빠 대학진학을 못했다. 육군사관학교에 2번 낙방한 후 3수 끝에 들어갔다.

그를 가르쳤던 선생님 중에 한 분의 말을 인용하면 이렇다. "처칠은 키가 작고 붉은 얼굴을 가진 가장 멍청한 아이였다. 그러나 그는 자신의 약점과 모자람을 극복하려고 끊임없이 노력했다."

1943년 독일 비행기가 하루에 1천 대씩 런던을 공격할 때도 그는 절대 포기하지 않고 BBC 방송을 통해 '우리가 전쟁에 이기려면 우리가 가지고 있는 땀과 피와 눈물밖에 없다'고 전 영국 국민에게 호소했다. 그 방송을 들은 영국군은 3일 분량의 양식을 가지고 15일을 견디면서 전쟁에서 결국 이기게 된다.

처칠은 고등학교 시절 영문학에 낙제했던 학생이었다. 그러나 그는 2차 대전 회고록을 집필한다. 그리고 그는 노벨문학상을 받게 된다. 어떤 상황에서도 포기하지 않는 성품이 그를 이렇게 만든 것이다.

어떤 상황에서도 절대로 포기하지 않는 성품의 소유자는 바로 하나님이시다. 하나님은 자신을 향해 등을 돌린 아담과 그의 후손들을 절대로 포기하지 않으셨다.

"아담아! 나는 너를 절대로 포기할 수 없단다. 아담아! 네가 어디 있느냐?" 끝까지 찾으신다. 이것이 성경이 말하는 복음이고 하나님의 마음이다.

희망

하나님이 아담과 그의 후손들에게 주신 최고의 특권이 있다면 그것은 자유의지였다. 아담과 그의 후손들은 이 특권을 가지고 자신을 세워가기보다 망쳐가고 있었다. 그런데도 하나님은 자유의지를 회수하지 않으시고 언제나 인격적으로 대하신다.

아담과 하와를 찾아오신 하나님의 모습을 보라. 천지를 창조하신 전능한 창조자의 모습으로 와서 피조물을 대하듯이 대하지 않으신다. 오히려 집 나간 자식을 찾아 나서시는 아버지의 모습으로 다가와 자식을 대하듯이 하지 않은가?

예수님은 자신을 온유하고 겸손하다고 말씀하셨다. 이 성품이 비단 예수님만의 성품이겠는가? 성부 하나님의 성품도 예수님과 다르지 않았다. 배신한 죄인을 찾아가신 하나님의 모습을 보라. 따뜻하게 다가와 자상하게 대하시는 온유하고 겸손하신 아버지의 모습이다. 죄를 지었다고 "너 그것밖에 안 되는 인간이었어!" 라고 멸시하거나 질타하지 않으셨다.

"아담아, 너 왜 이렇게 된 거니?"

"하와야, 너는 왜 그렇게 했니?"

자상하게 물으시는 하나님은 아담에게는 땀을 흘려야만 살 수 있다고 선언하시면서도 수고에 대한 보람을 허락하시고 땀에 대한 대가로 열매를 누리는 희망은 거두어 가시지 않으셨다. 하와에게는 해산의 수고가 있을 거라고 하셨지만, 출산의 희망을 거두어 가지 않으셨다.

하나님은 죄와 저주의 늪 속에 빠진 아담과 하와에게 모든 것을 원점으로 되돌릴 수 있는 희망을 주셨다. 이 희망은 죄의 자리에서 다시 의의 자리로, 불행의 늪에서 다시 행복한 궁전으로, 마귀의 노예에서 하나님 아들의 자리로 회복시킬 복음이었다. 원죄를 이어받지 않는 순수한 속량자를 약속하신 것이다. 바로 "여자의 후손"이었다. 하나 밖에 없는 외아들을 내어주신 것이다. 외아들을 내어준다는 것은 자신을 내어주는 것보다 더 큰 고통과 아픔을 동반한 어렵고 힘겨운 일이다.

아담과 그의 후손들에게 희망을 주시고 그 희망을 이루어가기 위해 하나님은 가장 소중한 외아들을 제물로 내어놓으신 것이다. 이런 하나님의 마음을 요한은 이렇게 표현한다.

> 하나님이 세상을 이처럼 사랑하사
> 독생자를 주셨으니 이는 그를 믿는 자마다
> 멸망하지 않고 영생을 얻게 하려 하심이라
> (요 3:16)

바울도 이 은총에 대해 이렇게 말한다.

> 우리가 아직 죄인 되었을 때에
> 그리스도께서 우리를 위하여 죽으심으로
> 하나님께서 우리에 대한 자기의 사랑을 확증하셨느니라
> (롬 5:8)

누가 희망을 이루어 가는가?

희망을 주신 하나님은 스스로 그 희망을 이루어 가라고 하지 않으셨다. 그 희망을 하나님의 성실하심으로 이루어가고 계신다. 모든 처지를 되돌려 놓으실 "여자의 후손"을 약속하신 하나님은 절대로 포기하지 않고 그 일을 이루어 가신다. 포기하지 않고 성실하게 희망을 이루어 가시는 하나님의 모습을 구약과 신약을 통해 볼 수 있지 않은가? 왜냐하면, 성경의 역사적 기록 전체가 바로 이 희망을 이루어 가시는 하나님의 일하심에 대한 기록이기 때문이다.

하나님 안에 모든 것이 가능하다.

하나님은 아담부터 시작해서 모두에게 희망을 주셨다. 심지어 아벨을 죽인 가인에게도 희망을 아끼지 않으셨다. 노

아에게도, 아브라함에게도, 아버지를 속이고 도망친 야곱에게도, 믿는 자를 잡아 가두고 죽이는 핍박자 사울(바울)에게도 희망을 아끼지 않으셨다.

복음 안에 희망의 요소가 담겨 있다. 믿음 안에 희망의 요소가 담겨 있다. 성령님 안에 희망의 요소가 담겨 있다. 그러므로 하나님 안에 불가능한 인생은 없다. 여기에 우리의 희망이 있다. 어떤 상황에서도 우리는 희망을 꿈꿀 수 있다.

복음 안에 담긴 희망의 요소

복음 안에 담겨 있는 다양한 요소들이 있다. 그중에 희망의 요소가 있음을 볼 수 있다.

> 형제들아 너희를 부르심을 보라
> 육체를 따라 지혜로운 자가 많지 아니하며
> 능한 자가 많지 아니하며
> 문벌 좋은 자가 많지 아니하도다
> 그러나 하나님께서 세상의 미련한 것들을 택하사
> 지혜 있는 자들을 부끄럽게 하려 하시고
> 세상의 약한 것들을 택하사
> 강한 것들을 부끄럽게 하려 하시며
> 하나님께서 세상의 천한 것들과
> 멸시 받는 것들과
> 없는 것들을 택하사 있는 것들을 폐하려 하시나니
> (고전 1:26-28)

믿음 안에 담긴 희망의 요소

믿음 안에 담겨 있는 다양한 요소들이 있다. 그중에 희망의 요소가 있음을 볼 수 있다.

> 내가 진실로 진실로 너희에게 이르노니
> 나를 믿는 자는 **내가 하는 일을 그도 할 것이요**
> 또한 **그보다 큰 일도 하리니** 이는 내가 아버지께로 감이라
> (요 14:12)

> 믿음은 바라는 것들의 실상이요
> 보이지 않는 것들의 증거니
> 선진들이 이로써 증거를 얻었느니라
> (히 11:1-2)

성령 안에 담긴 희망의 요소

성령 안에 담겨 있는 다양한 요소들이 있다. 그중에 희망의 요소가 있음을 볼 수 있다.

> 기록된 바 하나님이
> 자기를 사랑하는 자들을 위하여
> 예비하신 모든 것은
> 눈으로 보지 못하고 귀로 듣지 못하고
> 사람의 마음으로 생각하지도 못하였다 함과 같으니라
> 오직 하나님이 성령으로 이것을 우리에게 보이셨으니
> 성령은 모든 것 곧 하나님의 깊은 것까지도 통달하시느니라
> (고전 2:9-10)

납덩어리가 물에 빠지지 않을 수 있는 원리는 배 위에 있으면 된다. 이처럼 우리도 성령님의 손 위에 올려놓으면 뜰 수 있다.

쥐가 고양이에게 쫓기다가 술독에 빠졌다. 술독에서 나온 쥐가 고양이에게 하는 말이다. "고양이, 너 이리와! 이 자식 죽으려고 환장했니?" 술에 취한 쥐는 고양이가 하나도 무섭지 않다. 성령의 충만함을 받으면 우리도 성령으로 취하게 된다. 성령으로 취하게 되면 세상이 작게 보인다. 두려움이 사라진다. 성령의 역동성에 사로잡히게 되면 희망의 지평을 넓게 펴게 될 것이다.

> 오직 성령이 너희에게 임하시면
> 너희가 권능을 받고
> 예루살렘과 온 유대와 사마리아와 땅 끝까지 이르러
> 내 증인이 되리라 하시니라
> (행 1:8)

우리는 성경을 통해서 어떤 상황에서도, 누구에게나 희망을 주신 하나님을 만나게 된다. 희망을 주실 뿐 아니라 그 희망을 성실하게 이루어 가시는 하나님을 만나게 된다. 이것이 바로 하나님의 마음이고 하나님의 열정이다. 우리는 하나님 안에서 희망을 꿈꿀 수 있고 희망을 노래할 수 있다. 그러나 우리의 목표는 분명 꿈이나 희망이 아니다. 우리의 목적은 희망을 주시고 이루어 가시는 하나님이며 그분의 나라이다. 그분의 뜻을 이 땅에 이루는 것이 우리가 이 땅에 사는 존재 이유이다.

하나님은 모든 이들에게 환경과 처지를 초월해서 희망을 주고 싶어 하신다. 이것이 하나님의 마음이고 예수님의 마음이며 성령님의 마음이다.

아담과 그의 후손들이 가장 비참한 절망에 처해 있을 때 따뜻하게 다가가 희망을 주시고 그 희망을 이루어 가시는 하나님의 마음이 모든 그리스도인의 마음이 되면 좋겠다.

복음 안에 희망의 요소가 담겨 있다.
믿음 안에 희망의 요소가 담겨 있다.
성령님 안에 희망의 요소가 담겨 있다.
그러므로 하나님 안에 불가능한 인생은 없다.

어둠속에 빛난 보석

chapter 2
더딤 속에서 보석을…

더딤을 통해 노아는 희망의 노래로 피어난다.
더딤이 노아를 빛나는 보석으로 빛어간다.
그래서 더딤은 은혜였다.

헨리 나우웬은 심리학자이다. 그는 예일대학교 교수직을 버리고 지적장애 장애인 공동체인 라르쉬의 캐나다 토론토 공동체 데이브레이크에서 사역하다가 1996년 9월에 낙원으로 이민 가셨다.

그가 낙원으로 부름을 받기 전까지 그는 대부분 글을 읽을 수 없고 제 몸 하나 가눌 수 없는 사람들과 함께 지냈다. 똑똑하고 건강한 사람들만 인간 대접을 받는 세상에서 외면 당한 사람들, 바로 그들 속에서 인간의 고통과 하나님의 고통을 연결하는 법과 고통을 부정하는 것이 아니라 '고통 한 복판에서 생을 몰입하는 것'이 고통을 통과하는 길임을 배웠다.

『춤추시는 하나님』이라는 책에서 그는 이렇게 말한다. "애통은 우리를 초라하게 한다. 우리가 얼마나 작은 사람인지 냉정하게 일깨워준다. 그러나 바로 그곳이 춤추시는 하나님이 우리를 부르셔서 일어나 첫 스텝을 내딛게 하시는 곳이다. 고통과 가난과 불편함 속이다. 예수님은 우리의 고통을 떠나서가 아니라 바로 그 고통 속에서 우리의 슬픔으로 들어와 우리의 손을 부드럽게 잡아 일으켜 세우며 춤을 청하신다."

창세기 5장을 읽어가노라면 세상 근심을 혼자 다 짊어지고 희망 없는 수백 년을 보내고 있는 한 인물을 발견할 수 있다. 창세기 5장에 등장한 사람들의 출산 나이를 살펴보자.

아담은 **백삼십 세**에 자기의 모양 곧 자기의 형상과 같은 아들을 낳아 이름을 셋이라 하였고**(3절)**

셋은 **백오 세**에 에노스를 낳았고**(6절)**

에노스는 **구십 세**에 게난을 낳았고**(9절)**

게난은 **칠십 세**에 마할랄렐을 낳았고**(12절)**

마할랄렐은 **육십오 세**에 야렛을 낳았고**(15절)**

야렛은 **백육십이 세**에 에녹을 낳았고**(18절)**

에녹은 **육십오 세**에 므두셀라를 낳았고**(21절)**

므두셀라는 **백팔십칠 세**에 라멕을 낳았고**(25절)**

라멕은 **백팔십이 세**에 아들을 낳고**(28절)**

노아는 **오백 세 된 후**에 셈과 함과 야벳을 낳았더라**(32절)**

아담부터 시작해서 라멕까지 200세 안에 모두 출산을 경험한다. 그런데 유독 노아만은 500세 된 후에 출산을 경험하게 된다. 출산 나이를 독자들에게 밝힌 이유가 뭘까? 출산 나이를 통해 저자는 독자들에게 무슨 메시지를 주고 싶은 것일까?

더딤 속에서

200살이 지나 500살까지 300년 동안 노아의 삶은 어떠했을까? 무슨 마음으로 하루하루를 지내고 있었을까? 조상 대대로 그리고 주변의 모든 형제는 200세 안에 모두 출산을 경험하는데 200년이 지나가도, 300년이 지나가도, 400년이 지나가도 출산의 희망이 보이지 않을 때 노아는 어떻게 그 시련을 이길 수 있었을까?

주변 사람들은 노아를 존중하기보다 무시했을 가능성이 크다. 당시 문화는 자식이 희망이고 재산 1호일 뿐 아니라 울타리요 든든한 반석이었다. 혹자는 노아는 저주를 받아 자식이 없다고 말하기도 했을 것이다.

절망감은 계속 쌓여 가고 쓰라린 눈물이 양식이 되고 슬픔과 탄식이 노래가 되고 있을 때, 춤추시는 하나님이 노아에게 따뜻하게 다가와 손을 내미신다. 함께 춤을 추자고.

출산이 되지 않는 더딤 속에서 노아는 하나님과 함께 춤을 춘다. 절망도 잊고, 슬픔도 잊고, 더딤은 하나님의 손을 잡는 연결고리가 되었다. 하나님과 춤추는 과정에도 태의 문은 쉽게 열리지 않았다. 더딤이 계속된 것이다.

더딤을 통해 노아는 희망의 노래로 피어난다. 더딤이 노아를 빛나는 보석으로 빚어가고 있었다. 약한 자를 통해서 강한 자들을 부끄럽게 하셨다. 무시당하며 살던 노아를 하나님은 어떤 인물로 빚고 계셨는가?

> 노아는 **의인**이요
> 당대에 **완전한 자**라
> 그는 **하나님과 동행**하였으며
> (창 6:9하)

얼마나 멋진 작품인가? 누가 노아를 이렇게 만드셨는가? 노아 스스로가 이렇게 자신을 세워 갔는가? 아니다.

> 그러나 노아는 여호와께 **은혜를 입었더라**
> (창 6:8)

앞을 보아도 뒤를 보아도 길이 없고 희망이 없는 절망은 춤추시는 하나님과 우리를 연결한다. 모든 것을 품으시는 사랑을, 매일 매 순간 우리를 만나 주시는 그 사랑을 다양한 아픔과 시련 속에서 만나게 된다. 어두운 터널을 지날 때조차도 따뜻하게 다가와 손 내미시는 하나님을 발견하게 된다. 우리 안에서, 우리와 함께, 우리를 통해 일하시는 하나님을 경험하게 된다. 이것이 노아의 이야기이며 바로 우리들의 이야기가 아닌가?

예수님의 삶을 지켜보며 깨달아야 할 사실들이 많다. '호산나' 소리가 모두 고요하게 잦아들고, 제자들과 친구들이 모두 예수님을 떠나고, 그분의 입에서 "나의 하나님, 나의 하나님, 어찌하여 나를 버리셨나이까" 하는 절규가 터져 나온다. 바로 그 후에야 예수님은 무덤에서 죽은 자 가운데서 살아나신다. 비로소 그때 그분은 죽음의 사슬을 깨뜨리고 구세주가 되셨다.

그리스도 안에서 우리는 우리를 위해 고난받으시는 하나님을 본다. 희망이 없는 노아의 수많은 세월 속에서 놀라운 일을 이루어 가시는 하나님을 본다.

우리는 너무 조급하다. 그런데 하나님은 느긋느긋하시다. 왜 그러실까? 조급함 속에서는 지구 홍수의 대격변 속에서 여인의 후손이 오는 길목을 내는 중차대한 사역을 할 수 없기 때문이다. 조급함 속에서는 보석 같은 그릇을 빚을 수 없기 때문이다.

더딤은 은혜다. 기도 응답이 늦는 것도 은혜다. 빨리 문제가 해결되지 않는 것도 은혜다. 빠른 것이 절대로 복이 아니며 형통이 아니다. 빨리 장로가 되고, 목사가 되는 것도 은혜가 아니다. 빨리 부흥사가 되는 것도 절대 은혜가 아니다. 더딤이 은혜다. 빠름보다 늦음이 은혜다. 신속보다 더딤이 은혜다.

안수집사와 권사를 세우는 회의에서 피택되지 않은 집사 내외분이 보낸 문자를 소개하고 싶다.

목사님!
눈물 나게 고맙고 감사합니다.
행복한 교회와 목사님을 만나
신앙이 회복될 것만도 행복한데
어제 안수집사와 권사 피택받지 못한 것
또한 감사합니다.
열왕기상 19장
하나님께서 낙심하여 있는 엘리사 선지자에게
바람이 지나고, 지진이 지나고,
불 가운데 계시지 않으시고,
다 지난 후 세미한 음성
곧 부드럽고 조용한 음성으로
등을 두드려 주신 후 위로하시고,

사명주신 말씀을 묵상하며
하나님께서 더 믿음으로 정진하라는 경고로
마음에 새기며
교인이었는가? 신자였는가? 제자였는가? 생각하며
주님 앞에 더 나아가겠습니다.
목사님 죄송합니다. 그리고 감사합니다.
정말 고맙습니다.
저희 두 사람 피택 안 될 것이 너무도 감사해서 감사헌금 각각 100만원씩 교회계좌로 송금했습니다.
감사하신 하나님께 할렐루야 영광 돌립니다.

이 분의 메일을 받아 본 후에 『신의 도성』이라는 책을 쓴 어거스틴의 고통과 섭리에 대한 글이 떠올랐다.

고통은 같으나 고통을 당하는 사람의 태도는 같지 않다. 악한 사람은 똑같은 고통을 당하면서도 하나님을 비방하고 모독하지만 선한 사람은 그 고통 속에서도 하나님을 찾으며 찬양한다. 모든 사람이 무슨 고통을 당하느냐가 문제가 아니라 어떻게 당하느냐가 문제다. 똑같은 미풍이 불지만, 오물은 더러운 냄새를 풍기고 거룩한 기름은 향기로운 냄새를 낸다.
위대한 그릇은 더딤 속에서 탁월한 장인의 손에 의해 빚어지고 뜨거운 불 속에서 만들어진다. 더딤과 시련을 거부하는 것은 위대한 그릇이 되기를 포기한 것이다.

노아를 보면서 폐기물 속에서 만민에게 복이 될 보석을 빚어 가시는 하나님의 사랑과 하나님의 계획과 하나님의 마음을 본다. 하나님은 노아와 함께 생명의 춤을 추고 계신다. 죄악이 관영한 흑암 속에서, 실망과 좌절 속에서, 구속 역사의 맥을 이어갈 보석을 빚어가고 계신다. 하나님은 가장 큰 절망 속에서 희망의 꽃을 피워 가시는 분이다. 그래서 바울은 이렇게 말한다.

> 형제들아 너희를 부르심을 보라
> 육체를 따라 지혜로운 자가 많지 아니하며
> 능한 자가 많지 아니하며
> 문벌 좋은 자가 많지 아니하도다
> 그러나 하나님께서 세상의 미련한 것들을 택하사
> 지혜 있는 자들을 부끄럽게 하려 하시고
> 세상의 약한 것들을 택하사
> 강한 것들을 부끄럽게 하려 하시며
> 하나님께서 세상의 천한 것들과
> 멸시 받는 것들과
> 없는 것들을 택하사 있는 것들을 폐하려 하시나니
> (고전 1:26-28)

이것이 바로 하나님의 뜻이며 복음이다. 이것이 바로 하나님의 계획이며 하나님의 마음이다. 하나님의 마음을 생각하면 자연스럽게 입가에 맴도는 노래가 있다.

약한 나로 강하게
가난한 날 부하게
눈먼 날 볼 수 있게
주 내게 행하셨네

열방을 위하여...

chapter 3
그늘진 인생을 열방의 복덩어리로…

그늘진 이에게 희망과 꿈을 주신 분!
열방의 복덩어리로 세워가신 분!
그분은 자상한 아버지셨다.

아브라함은 메소포타미아 문명의 발상지 갈대아 우르에서 살다가 아버지와 함께 하란에 왔다. 아브라함의 형제들은 모두 다 출산한 자녀가 있었다. 그러나 아브라함만은 자녀가 없었다. 아브라함은 그의 처지를 이렇게 말한다.

"나는 자식이 없습니다. 나의 상속자는 이 다메섹 사람 엘리에셀입니다. 주께서 내게 씨를 주지 아니하셨으니 내 집에서 길린 자가 내 상속자가 될 것입니다(창 15:2-3)."

아브라함이 이런 생각을 하고 있었다는 것은 이미 자신이 자녀를 갖는다는 것에 대해 포기하고 있었다는 것이다.

자녀가 없는 부모들이 느끼는 감정은 허전함, 외로움, 불안함이다. 부정적인 정서로 가득한 마음 때문에 아브라함의 얼굴은 그늘져 있었을 것이다. 희망도 없고, 기쁨도 없는 아브라함을 향해 온유하고 겸손하신 하나님이 따뜻하게 다가오신다. 그늘진 아브라함에게 손을 내밀어 춤추자고 하신다. 생명의 꿈을 함께 꾸자고 하신다. 그리고 희망의 노래에 맞추어 춤을 추자고 하신다. 이 얼마나 황홀한 순간인가?

아브라함에게 다가오신 하나님은 아브라함에게 큰 희망을 제시하신다.

"내가 너를 통해, 네 후손을 통해 나라를 일으킬 것이다."
실로 꿈꾸는 것 같은 희망을 약속하신다.

"하나님, 저는 자녀가 없어요. 내가 무슨 씨가 있나요? 나를 가지고 놀려고 하지 마세요. 나라를 일으키다니요? 그것도 땅의 모든 족속에게 복이 되는 나라를…"

하나님은 상상할 수 없는 희망을 약속하신다. 이 약속은 하나님의 꿈이었다. 하나님의 꿈을 가장 초라하고 그늘진 인생 아브라함과 나누고 계신다. 왜? 그와 함께 당신의 꿈을 이루고 싶었기 때문이다.

상상할 수 없는 희망과 꿈을 약속받은 아브라함은 하나님을 얼마나 알고 있었을까? 거의 백지상태로 보면 될 것이다. 아브라함이 하나님께서 지시할 땅으로 가는 것도 한줄기 희망 때문에 갔을 것이다. 하나님을 알고, 하나님의 사랑을 알고, 하나님의 놀라운 계획을 알고, 하나님의 마음을 알고 갔다기보다 한 줄기 희망이 좋아서 그냥 갔을 것이다.

우리도 백지상태에서 믿음이 출발했던 것처럼 아브라함도 그러했을 것이다. 하나님이 지시하는 땅에 도착했을 때 그 땅에 흉년이 들었다. 그는 인간적인 생각을 따라 바로 애굽으로 내려간다. 하나님이 보낸 곳이니 흉년 속에서도 하나님이 책임질 것을 신뢰하지 못했다. 아브라함은 하나님이 어떤 분인지, 그가 자기를 얼마나 사랑하고 얼마나 놀라운 계획을 세우고 이끌어가고 계시는지 전혀 알지 못했다. 창세기 12장 7절을 보라.

> …(하나님이) 아브람에게 나타나 이르시되 내가 이 땅을 네 자손에게 주리라…

고 하셨다. 그런데 아브라함은

> 그 땅에 기근이 들었으므로 아브람이 애굽에 거류하려고 그리로 내려갔으니…
> (창 12:10 상)

잠시 피신 간 것이 아니라 거류하려고 내려갔다. 이 모습을 보고 계신 하나님의 속이 많이 상하셨을 것이다.

애굽으로 내려가니 온 들녘이 곡식으로 가득한 풍년이었다.
"이보게, 조카 롯! 우리가 여기에 오기를 잘했지?"
"네, 삼촌 탁월한 선택이었습니다."
하나님께서 지시하신 땅에 있어야 할 이들이 자신들의

생각대로 애굽에 온 후 하나님의 생각보다 자신들의 생각이 더 좋았다고 생각하고 있었다. 이것이 바로 아브라함이 하나님을 아는 수준이었다.

애굽에서 일어난 일들을 성경을 통해 살펴보자.

> 아브람이 애굽에 이르렀을 때에
> 애굽 사람들이 그 **여인이 심히 아리따움을 보았고**
> 바로의 고관들도 그를 보고 바로 앞에서 칭찬하므로
> 그 여인을 바로의 궁으로 이끌어들인지라
> 이에 바로가 그로 말미암아 아브람을 후대하므로
> **아브람이 양과 소와 노비와**
> **암수 나귀와 낙타를 얻었더라**
> 여호와께서 아브람의 아내 사래의 일로
> **바로와 그 집에 큰 재앙을 내리신지라**
> 바로가 아브람을 불러서 이르되
> 네가 어찌하여 나에게 이렇게 행하였느냐
> 네가 어찌하여 그를 네 아내라고
> 내게 말하지 아니하였느냐
> 네가 어찌 그를 누이라 하여
> 내가 그를 데려다가 아내를 삼게 하였느냐
> **네 아내가 여기 있으니 이제 데려가라** 하고
> 바로가 사람들에게 그의 일을 명하매
> 그들이 그와 함께 그의 아내와
> 그의 모든 소유를 보내었더라
> (창 12:14-20)

하나님의 지시를 무시하고 자기 생각을 따라 애굽에 내려와서 결국 아브라함은 아내를 왕에게 빼앗겨 버리고 만

다. 이때 아브라함이 부른 노래가 있다. '울려고 내가 왔던 가 웃으려고 왔던가.'

한참 지난 후에 애굽왕이 매우 놀라 아브라함을 찾는다. "여보시오. 왜 아내를 누이라고 속였소. 당신 때문에 당신의 하나님께 나 죽는 줄 알았소"라고 말하면서 아브라함의 일행들을 하나님이 지시하신 땅으로 다시 돌려보낸다.

이 사건을 통해서 아브라함에게 하나님을 신뢰하는 눈이 조금씩 뜨이기 시작한다. 자신에게 세상 모든 민족을 복되게 할 나라를 일으키겠다고 말씀하신 하나님은 '참 대단한 분'이라는 사실을 발견하게 된다. 아브라함을 부르시고 그에게 꿈과 희망을 주신 하나님은 애굽의 왕이 벌벌 떠는 능력의 하나님임을 신뢰하게 된다. 하나님은 연약한 아브라함을 멋진 복덩어리로 만들어가고 계셨다.

애굽의 바로가 주었던 소유(양과 소와 노비와 암수 나귀와 낙타) 때문에 아브라함과 롯의 소유가 많아짐으로 종들 간에 갈등이 시작되었다. 아브라함이 넓은 마음으로 "롯아, 네가 좌하면 내가 우하고, 네가 우하면 내가 좌하겠다"고 했을 때 롯은 가장 비옥한 지역을 선택했다. 롯을 떠나보내고 난 후 아브라함이 얼마나 허전했을까 짐작이 간다. 외롭고 허전해 하는 아브라함에게 하나님은 다정하게 다가오신다. 그리고 이렇게 위로하시고 격려하신다.

롯이 아브람을 떠난 후에
여호와께서 아브람에게 이르시되
너는 눈을 들어 너 있는 곳에서 북쪽과
남쪽 그리고 동쪽과 서쪽을 바라보라
보이는 땅을 내가 너와 네 자손에게 주리니
영원히 이르리라
내가 네 자손이 땅의 티끌 같게 하리니
사람이 땅의 티끌을 능히 셀 수 있을진대
네 자손도 세리라
너는 일어나 그 땅을 종과 횡으로 두루 다녀 보라 내가 그
것을 네게 주리라
(창 13:14-17)

이 위로와 격려의 의미가 뭘까?

"아브라함아, 롯이 네 곁을 떠났다고 낙심하거나 허전해 하지 마. 내가 있잖니! 나는 너와 영원히 함께 있단다. 그리고 너에게 약속한 그 땅, 너의 희망과 꿈은 내가 반드시 이루어 줄게. 외로워하지 마라. 불안해하지 마라."

이때 아브라함이 부른 노래가 뭘까?

좋으신 하나님
좋으신 하나님
참 좋으신 나의 하나님

창세기 14장에 보면 여러 왕이 연합하여 롯과 그의 가족, 그의 소유를 다 탈취해 갔다.

> 아브람이 그의 조카가 사로잡혔음을 듣고
> 집에서 길리고 훈련된 자 삼백십팔 명을 거느리고
> 단까지 쫓아가서
> 그와 그의 가신들이 나뉘어 밤에 그들을 쳐부수고
> 다메섹 왼편 호바까지 쫓아가
> 모든 빼앗겼던 재물과 자기의 조카 롯과 그의 재물과
> 또 부녀와 친척을 다 찾아왔더라
> (창 14:14-16)

원수들의 진을 습격하여 초토화하고 롯의 모든 것을 다시 탈환해 왔지만, 이것으로 전쟁이 끝나는 것은 아니다. 어떻게 보면 이제 전쟁이 시작된 것인지도 모를 때 아브라함의 심정이 얼마나 불안하고 초조했겠는가? 이 마음을 가장 잘 아시는 분은 하나님이셨다. 불안, 초조, 긴장 속에 있는 아브라함에게 다가와 따뜻하게 위로하시고 격려하시는 하나님의 모습을 보라.

> 이 후에 여호와의 말씀이
> 환상 중에 아브람에게 임하여 이르시되
> **아브람아 두려워하지 말라**
> **나는 네 방패요**
> 너의 지극히 큰 상급이니라
> (창 15:1)

격려하신 후에

> 그를 이끌고 밖으로 나가 이르시되
> **하늘을 우러러 뭇별을 셀 수 있나 보라**

> 또 그에게 이르시되
> **네 자손이 이와 같으리라**
> (창 15:5)

아브라함에게 허락한 꿈과 희망을 다시 상기시켜 주고 계신다. 아브라함을 기르시고 세워가시는 하나님의 모습을 보라. 장군의 모습도 아니다. 조련사의 모습도 아니다. 왕의 모습도 아니다. 가장 자상하신 아버지의 모습이다.

아브라함이 하나님을 만난 지 10년이 지났다. 아브라함과 사라의 나이도 이제 경수가 끝날 나이로 접어들고 있었다. 하나님이 그들에게 늘 하셨던 약속은 이루어질 기미가 보이지 않을 때였다.

사라가 아브라함에게 말한다.

"남자는 배 여자는 항구라는 노래가 있는데 그 말은 틀린 말이에요. 사실은 여자는 밭이고 남자는 종자랍니다. 여보, 당신의 종자를 나 같은 늙은 밭에다 심지 말고 나의 젊은 종 하갈이라는 밭에 심어보면 어떨까요?"

"허허~ 이 사람 무슨 말을 그렇게 해!"

날마다 사라는 아브라함에게 권유했을 것이다. 결국, 아브라함은 하나님의 약속보다 아내의 말을 따라 행함으로 86세 때 이스마엘을 출산하게 된다.

출산 후에 이들은 자신들의 생각이 탁월했다고 생각했을지 모른다. 처음으로 안아 본 자식을 가슴에 품고 흐뭇한 생각에 사로잡혀 있었을지 모른다.

그런데 이 사건 후로 하갈이 교만해진다. 그의 주인인 사라를 무시하게 되고 행복했던 가정에 풍파가 일어난다. 이스마엘이 태어난 후로 아브라함의 가정은 바람 잘 날이 없어진 것이다. 어디 그뿐인가?

> 하갈이 아브람에게 이스마엘을 낳았을 때에
> 아브람이 **팔십육 세**였더라
> 아브람이 **구십구 세 때**에
> 여호와께서 아브람에게 나타나서
> 그에게 이르시되 **나는 전능한 하나님이라**
> **너는 내 앞에서 행하여 완전하라**
> (창 16:16-17:1)

이스마엘을 낳은 86세부터 99세까지 13년 동안 하나님은 아브라함에게 침묵하셨다. 기도해도 하나님의 응답이 없고, 단을 쌓아도 그분을 뵐 수도 없었다. 13년의 침묵을 깨고 나타나신 하나님의 모습은 책망이셨다. "나는 전능한 하나님이야! 내 앞에서 행동 똑바로 해!"였다.

하나님이 침묵하신 13년 세월은 아브라함의 연약한 믿음이 영글어가는 계기가 되었다. 사라의 말을 따라 행동했던 열매가 아브라함과 그 가정에 얼마나 큰 아픔을 주었는지를 절절히 깨닫게 되었다. 지금도 낙원에서 중동사태를 보면서 후회하는 한 가지가 있다면 바로 이것일 것이다. 하갈이 낳은 이스마엘의 후손인 아랍 족속들과 이삭의 후손들인 이

그늘진 인생을 열방의 복덩어리로⋯ 103

스라엘의 갈등 원인은 아브라함이 제공한 것이기 때문이다. 중동지방의 테러와 전쟁, 무자비한 만행들을 볼 때마다 가장 가슴 아픈 사람이 아브라함이 아닐까 생각된다.

하나님의 약속을 받은 지 25년이 지난 후에 드디어 이삭이 태어난다. 그리고 그 이삭이 장성했을 때 하나님은 이삭을 모리아 산에서 번제로 드리라고 하신다. 아브라함은 지체하지 않고 드린다.

'하나님, 나는 하나님께 아까울 것이 없어요. 하나님, 나에게 어떤 명령을 내리셔도 저는 하나님을 믿어요. 하나님을 사랑하고 신뢰하니까요.'

결국 이 사건을 통해 아브라함은 독생자를 주신 하나님의 마음을 절절히 체험하게 된다. 번제 드릴 나무 단을 지고 모리아 산에 오르는 이삭을 보면서 아브라함의 마음은 찢어졌을 것이다.

'차라리 나를 번제로 드리라고 하셨으면.... 이보다는 더 마음이 고통스럽지는 않았을 텐데...'

이삭의 몸에 칼을 꽂고 나무 단에 올려놓고 번제로 태워지는 아들을 생각할 때 그 마음은 천 갈래 만 갈래 찢어졌을 것이다. 고통받는 자신의 내면을 보면서 독생자를 주신 하나님의 마음이 느껴진다. 골고다 언덕을 오르시는 예수님을 보고 하나님의 마음이 어떠할지 절절히 체험하게 된다. 남다른 시험은 남다른 은혜 속으로 인도함을 받는 길이 된다.

이제 모리아 산에 도착했다. 괴로워하는 아버지를 보면서 이삭이 말한다.

"아버지, 하나님이 나를 번제로 드리라고 하셨어요? 그럼 아버지, 하나님의 말씀에 순종하세요."

"아버지, 하나님이 나를 제물로 원하셨으면 저를 하나님께 드릴게요."

이삭은 이 말을 마치고 스스로 번제단에 오른다. 만약 이삭이 스스로 번제단에 오르지 않았다면 늙은 아버지 아브라함이 청년 아들 이삭을 번제단에 묶기도 전에 도망가고 없었을 것이다. 아버지는 아들을 번제단 위에 올려 묶기 시작한다. 떨리는 가슴을 추스르며 누워있는 이삭, 그리고 번제단 위에 올려져 있는 아들보다도 더 떨며 칼을 들고 서 있는 아버지 아브라함을 연상해 보라. 아버지도 아들도 긴장되는 순간에 하나님이 칼을 거두라고 하신다. 모리아산 사건은 아브라함도, 이삭도 모두 합격하는 시험이었다. 아브라함은 그 자리에 주저앉아 이삭을 부둥켜안고 울며 하나님의 마음을 기억한다.

그리고 눈을 들어 살펴보니 숫양이 수풀에 걸려 있었다. '아하! 저 어린 양을 이삭을 대신하여 드리라고 하나님께서 준비하셨구나!' 아브라함은 수풀에 걸려 있는 어린 양을 잡아 번제단에 올려 감사의 예배를 드린다. 이삭은 자기 대신에 어린 양이 번제로 드려지는 것을 보면서 독생자 예수님이 십자가 단에서 죗값을 대신해서 치러주심을 절절히 체험하게 된다. 남다른 은혜 속으로 들어가기 위해서는 남다른 시험이 필요한 것 같다. 비싼 대가를 치를수록 남다른 은혜를 체험하게 되는 것을 절절히 느낀다.

결국, 그늘진 아브라함을 부르시고 열방의 복덩어리로 세워가시는 하나님의 모습에서 우리에게 주시는 메시지가 무엇인가?

그늘진 아브라함에게 다가와 희망과 꿈을 주시며 함께 춤추자고 하신 하나님은 자상하신 아버지 모습이었다. 하나님이 누구신지도 모르고 그저 한 줄기 희망 때문에 함께 스텝을 밟자고 하실 때 얼떨결에 응할 뿐이었지만 철부지 같은 믿음부터 시작해서 모든 것을 키워 가시는 하나님은 자상하신 아버지 모습이었다.

아브라함을 다루시는 하나님의 모습은 바로 나를 다루시는 모습과 다르지 않다는 것을 알았다.

그늘진 아브라함을 만나시고, 함께 하시고, 이끄셔서 열방의 복덩어리로 빚어 가시는 하나님의 모습에서 나는 그늘진 나에게 다가오셔서 나를 만나주시고, 희망과 꿈을 주시고, 함께 춤추자고 하시고, 나와 함께 하시고, 나를 열방의 복덩어리로 세워 가시는 아버지의 자상하신 모습을 느낀다.

나를 만나주시고,
희망과 꿈을 주시고,
함께 춤추자고 하시고,
나와 함께 하시고,
나를 열방의 복덩어리로
세워 가시는 아버지.

믿는 척하는
종교인의 힘겨운 발걸음

chapter 4
거짓과 욕심덩어리를 역사의 주역으로…

난 정말 못마땅했다.
왜 하필 간교하고 교활한 욕심쟁이가 야곱일까…?
그런데 그 야곱이 나라는 사실을 깨달았을 때…
주체할 수 없는 눈물이 앞을 가렸다.

가장 용맹스런 모습으로 사냥하러 다니는 에서는 내 눈에 매력 넘치는 인물처럼 보였다. 그에 반해 야곱은 언제나 어머니 치마폭을 떠나지 않았다. 유약하게만 보였다. 사냥하러 다녀온 에서는 배가 심히 고팠다.

"아우, 내게 팥죽 한 그릇 주게나."

"맨입으로는 안 돼."

"그럼 무엇을 주면 되겠는가?"

"장자 명분을 내게 넘겨."

"그래! 그럼 그렇게 하게."

야곱은 치사하기 그지없고, 에서는 남자답게, 쿨(cool)하게 보였다. 에서는 순수해 보이고 야곱은 욕심이 머리까지 차 있는 사람처럼 보였다. 그럼에도 불구하고 하나님은 야곱을 사랑하셨고 못된 것의 종합세트와 같은 야곱을 포기하지 않으셨다. 창세기를 읽을 때마다 나는 '하나님, 왜 야곱입니까?'라고 짜증 낸 적이 한두 번이 아니었다.

팥죽 한 그릇에 장자 명분이 넘어가 버린 뒤에도 에서는 야곱에게 속은 줄은 알지만 보복하거나 그것을 다시 찾아오려고 어떤 시도도 하지 않았다. 혹자는 이런 면을 장자의 명분을 우습게 여기는 어리석은 에서라고 보기도 하지만 나는 에서를 볼 때마다 멋진 남성의 이미지가 떠오른다. 반면에 야곱은 오직 자신밖에 모를 뿐 아니라 자신의 욕심을 채우기 위해서라면 수단과 방법을 가리지 않고 행동하는 것처럼 보였다. 그런데 하나님은 그런 야곱을 사랑하셨고 그를 절대로 포기하지 않으셨다. 내 생각과 다른 하나님의 행동이 나를 더욱 화나게 했었다.

이삭이 낙원으로 이민 갈 때가 되었다. 이삭은 에서에게 축복하고 싶어서 이삭이 좋아하는 별미를 만들어 오라고 한다. 이 소리를 몰래 엿들은 리브가는 야곱을 부른다.

"야곱아! 아버지께서 네 형 에서에게 축복하시려고 맛있는 음식을 만들어 오라고 하신다. 내가 음식을 해 줄 테니 네가 들어가서 네 형 에서라고 말하고 들어가 축복을 받거라."

"어머니! 내 형 에서는 털이 많은 사람이고 나는 그렇지 않은데 제가 에서라고 들어갔다가 아버지께 들키기라도 하면 축복은 고사하고 저주를 받을지도 모릅니다!"

"아니야! 그렇지 않아! 내가 다 알아서 할테니 너는 나만 믿고 따라오면 돼!"

어머니 리브가는 야곱을 에서처럼 변장해 주면서 축복을 받으라고 들여보낸다. 아버지 이삭의 눈을 속이고 야곱은 자신이 에서라고 위장하여 축복을 받고 나왔다. 뒤를 이어 에서가 별미를 준비하여 이삭에게로 들어가니 이삭이 매우 떨며 깜짝 놀란다.

"사냥한 고기를 먼저 내게 가져온 자가 누구냐? 네 동생 야곱이 네가 받을 축복을 다 받아 갔으니 그가 복을 받을 것이다."

이 말을 들은 에서는 야곱을 떠올리며 더는 참을 수가 없었다. 전에는 팥죽 한 그릇으로 장자명분을 빼앗더니 이제는 복을 빼앗아 버린 야곱을 죽이려고 한다.

어머니 치마폭을 떠난 적이 없는 야곱은 살기 위해 할 수 없이 집을 나선다. 너무나 급해 괴나리봇짐 하나도 챙기지 못한 채 도망 길에 오른다. 에서가 뒤를 추격해 오지나 않을까 늘 불안하고 초조했을 것이다. 그는 온종일 길을 걸었다. 종종걸음으로 가다가 마치 에서가 쫓아올 것 같은 생각이 들면 뛰어가다가, 숨이 멎을 것 같은 순간에는 다시 걸었을 것이다. 벧엘에 도착했을 땐 돌로 베개 삼고 눕는 순간 잠이 들어버린다. 그 밤에 하나님이 다가오신다.

> 야곱이 브엘세바에서 떠나 하란으로 향하여 가더니
> 한 곳에 이르러는 해가 진지라 거기서 유숙하려고
> 그 곳의 한 돌을 가져다가 베개로 삼고 거기 누워 자더니
> 꿈에 본즉 사닥다리가 땅 위에 서 있는데
> 그 꼭대기가 하늘에 닿았고 또 본즉
> 하나님의 사자들이 그 위에서 오르락내리락 하고
> 또 본즉 여호와께서 그 위에 서서 이르시되
> 나는 여호와니 너의 조부 아브라함의 하나님이요
> 이삭의 하나님이라
> 네가 누워 있는 땅을 내가 너와 네 자손에게 주리니
> 네 자손이 땅의 티끌 같이 되어 네가 서쪽과 동쪽과
> 북쪽과 남쪽으로 퍼져 나갈지며
> **땅의 모든 족속이 너와 네 자손으로 말미암아**
> **복을 받으리라**
> 내가 **너와 함께 있어**
> 네가 어디로 가든지 **너를 지키며**
> 너를 이끌어 **이 땅으로 돌아오게 할지라**
> 내가 네게 허락한 것을 다 이루기까지
> **너를 떠나지 아니하리라** 하신지라
> (창 28:10-15)

불안, 초조, 긴장 속에 있는 야곱에게 하나님은 조부 아브라함과 아버지 이삭에게 주셨던 꿈과 희망을 동일하게 주신다. 그리고 야곱과 함께 할 것이고, 그를 지킬 것이며, 그가 반드시 고향으로 돌아오게 할 것이요, 야곱과 야곱의 후손

으로 말미암아 땅의 모든 족속이 복을 받게 될 것이고, 이것을 다 이루기까지 하나님은 야곱을 절대로 떠나지 않을 것이라고 하신다. 이 얼마나 황홀한 약속인가?

그러나 난 이런 모습이 마음에 들지 않았다. 왜냐하면, 치사하고 사기성 많고 자기 밖에 모르는 야곱에게 그 다음날도 아니고 바로 그 날 밤에 찾아가셔서 위로하시고 격려하시고 꿈과 희망을 주시는 하나님이 마음에 들지 않았기 때문이다. 고생 좀 실컷 하라고 내버려 둘 것이지 너무 과잉으로 돕는 것 같아서 싫었다.

이런 하나님의 보살핌으로 야곱은 감동을 하거나 변한 것 같지 않았다. 야곱은 여전히 자기중심적이고 간교하고 교활한 것처럼 보인다. 라반의 입장에서나 라반의 아들들 입장에서, 레아와 라헬 입장에서 생각하고 배려하는 모습보다는 오직 자신의 욕심이 목적이고 꿈이었다.

시간이 지나 결국 라반의 소유가 야곱의 소유로 넘어가고 말았다. 라반의 가정에서 야곱을 보는 눈빛이 예전 같지 않았다.

> 야곱이 사람을 보내어
> 라헬과 레아를 자기 양 떼가 있는 들로 불러다가
> 그들에게 이르되 내가 그대들의 아버지의 안색을 본즉
> **내게 대하여 전과 같지 아니하도다**
> (창 31:4-5상)

왜 그랬을까? 어느 날 갑자기 보니 라반의 소유보다 야곱

의 소유가 더 많아졌기 때문이다. 야곱은 이렇게 말한다.

하나님이 이같이 그대들의 **아버지의 가축을 빼앗아
내게 주셨느니라**
(창 31:9)

야곱의 말대로 하나님이 라반의 가축을 빼앗아 야곱에게 주셨을까? 하나님은 이런 방법으로 당신의 자녀들에게 복을 주시는가? 아니다. 성경은 이렇게 말한다. 야곱은 자신의 품삯을 많아지게 하려고 수를 쓰고 있었다. 정말 이 수가 먹혔는지는 모르나 이것이 교활한 야곱의 진짜 모습이기 때문이다.

야곱이 버드나무와 살구나무와
신풍나무의 푸른 가지를 가져다가
그것들의 껍질을 벗겨 흰 무늬를 내고
그 껍질 벗긴 가지를 양 떼가 와서 먹는
개천의 물 구유에 세워 양 떼를 향하게 하매 그 떼가 물을
먹으러 올 때에 새끼를 배니
가지 앞에서 새끼를 배므로
얼룩얼룩한 것과 점이 있고 아롱진 것을 낳은지라
(창 30:37-39)

튼튼한 양이 새끼 밸 때에는
야곱이 개천에다가 양 떼의 눈앞에 그 가지를 두어
양이 그 가지 곁에서 새끼를 배게 하고
약한 양이면 그 가지를 두지 아니하니
그렇게 함으로 약한 것은 라반의 것이 되고

> 튼튼한 것은 야곱의 것이 된지라
> 이에 그 사람이 매우 번창하여
> 양 떼와 노비와 낙타와 나귀가 많았더라
> (창 30:41-43)

이것이 야곱의 진짜 모습이다. 이것을 신앙적이라고 할 수 있는가? 하나님을 믿는 자가 이런 행동을 해도 되는가?

라반의 아들들이 야곱을 볼 때 낮에는 더위를 무릅쓰고 밤에는 추위를 당하여 눈 붙일 겨를도 없이 지내는 것을 보고 자신들의 가정을 위해 헌신하는 줄 알았다. 그런데 결과로 봤을 때 라반의 가정을 위해서가 아니라 자신의 욕심을 채우기 위해서였음을 깨닫게 되었을 때 그들은 이렇게 말한다.

> 야곱이 라반의 아들들이 하는 말을 들은즉
> 야곱이 우리 아버지의 소유를 다 빼앗고
> 우리 아버지의 소유로 말미암아
> 이 모든 재물을 모았다 하는지라
> (창 31:1)

그러나 야곱은 하나님이 라반의 것을 빼앗아 나에게 주셨다고 항변한다. 이것이 야곱이다. 이런 야곱이 믿음의 사람으로 보이는가? 라반의 집에서 머슴으로 20년 동안 훈련한 결과가 성숙으로 나타나는가? 야곱이 믿는 사람처럼 보이는가? 사실 야곱은 믿는 척하는 종교인이 아닌가?

그런데 하나님은 이 순간에도 야곱 편에 서 계신다. "야곱아, 너 그렇게 신앙 생활하면 안 돼!" 후려갈겨야 될 것 같은데 아무렇지도 않게 야곱에게 나타나 이제 라반의 집을 떠나 고향으로 돌아가라고 하신다. 비인간적인 야곱에게 이렇게 대하시는 하나님의 모습이 정말 마음에 들지 않는다.

고향으로 돌아오는 길에도 야곱의 모습은 간교하고 교활하며 인간적인 수단과 방법을 총동원하고 있다. 그리고 기도도 한다. 그리고 입에서 나오는 말은 모두가 신앙이다. 말끝마다 그는 하나님을 말한다. 정말 하나님을 신뢰하고 그 하나님이 일하고 계시고 자신을 도와주셨다고 한다.

> 야곱이 사람을 보내어 라헬과 레아를 자기 양 떼가 있는
> 들로 불러다가 그들에게 이르되
> 내가 그대들의 아버지의 안색을 본즉
> 내게 대하여 전과 같지 아니하도다
> 그러할지라도 **내 아버지의 하나님은 나와 함께 계셨느니라**
> (창 31:4-5)

> **하나님이 이같이**
> 그대들의 아버지의 가축을 빼앗아 내게 주셨느니라
> (창 31:9)

> **우리 아버지의 하나님,**
> **아브라함의 하나님 곧 이삭이 경외하는 이가**
> **나와 함께 계시지 아니하셨더라면**
> 외삼촌께서 이제 나를 빈손으로 돌려보내셨으리이다마는
> **하나님**이 내 고난과 내 손의 수고를 보시고
> 어제 밤에 외삼촌을 책망하셨나이다
> (창 31:42)

말끝마다 하나님을 말하지만 실제로는 하나님이 자신과

함께 하심을 믿지도 않았고 신뢰하지도 않았다. 그의 삶을 들여다 보면 하나님과 함께 사는 사람도 아니고 그 하나님을 신뢰하는 사람도 아닌 것을 알 수 있다.

고향으로 돌아오는 길에 형의 동태를 살펴보기 위해 사자들을 보낸다. 그들이 와서 하는 보고를 살펴보자.

> 사자들이 야곱에게 돌아와 이르되
> 우리가 주인의 형 에서에게 이른즉
> 그가 **사백 명을 거느리고 주인을 만나려고 오더이다**
> 야곱이 **심히 두렵고 답답하여**
> 자기와 함께 한 동행자와 양과 소와 낙타를 **두 떼로 나누고**
> 이르되 에서가 와서 **한 떼를 치면 남은 한 떼는 피하리라**
> 하고
> (창 32:6-8)

400인을 거느리고 온다는 말을 들은 야곱은 심히 두려워한다. 그리고 답답해한다. 이 모습이 하나님이 함께하심을 느끼며 사는 모습인가? 그가 했던 말처럼 그와 함께 하시고 언제나 자신 편에서 도와주시는 하나님을 누리고 있는가? 아니다. 자신의 교활한 꾀로 피하여 살길을 다 마련한 후에 기도한다. 기도하는 제목들을 보면 그는 정말 믿음이 좋은 사람처럼 보인다.

> 야곱이 또 이르되 내 조부 아브라함의 하나님,
> 내 아버지 이삭의 하나님 여호와여

> 주께서 전에 내게 명하시기를 네 고향,
> 네 족속에게로 돌아가라 내가 네게 은혜를 베풀리라
> 하셨나이다
> 나는 주께서 주의 종에게 베푸신 모든 은총과
> 모든 진실하심을 조금도 감당할 수 없사오나
> 내가 내 지팡이만 가지고 이 요단을 건넜더니
> 지금은 두 떼나 이루었나이다
> 내가 주께 간구하오니 내 형의 손에서,
> 에서의 손에서 나를 건져내시옵소서
> 내가 그를 두려워함은
> 그가 와서 나와 내 처자들을 칠까 겁이 나기 때문이니이다
> 주께서 말씀하시기를 내가 반드시
> 네게 은혜를 베풀어 네 씨로 바다의
> 셀 수 없는 모래와 같이 많게 하리라 하셨나이다
> (창 32:9-12)

야곱의 기도는 하나님의 약속을 붙들고 논리정연하게 드린 정말 멋진 기도였다. 그러나 야곱은 청산유수처럼 드린 기도를 믿지 않았다. 어떻게 믿지 않았다고 단정할 수 있는가? 기도 후에 그가 취한 행동을 보라.

> 야곱이 거기서 밤을 지내고
> 그 소유 중에서 형 에서를 위하여 예물을 택하니
> 암염소가 이백이요 숫염소가 이십이요 암양이 이백이요
> 숫양이 이십이요 젖 나는 낙타 삼십과 그 새끼요
> 암소가 사십이요 황소가 열이요
> 암나귀가 이십이요 그 새끼 나귀가 열이라
> 그것을 각각 떼로 나누어 종들의 손에 맡기고
> 그의 종에게 이르되 나보다 앞서 건너가서
> 각 떼로 거리를 두게 하라 하고
> 그가 또 앞선 자에게 명령하여 이르되

내 형 에서가 너를 만나 묻기를
네가 누구의 사람이며
어디로 가느냐 네 앞의 것은 누구의 것이냐 하거든
대답하기를 주의 종 야곱의 것이요
자기 주 에서에게로 보내는 예물이오며
야곱도 우리 뒤에 있나이다 하라 하고
그 둘째와 셋째와 각 떼를 따라가는 자에게 명령하여
이르되 너희도 에서를 만나거든 곧 이같이 그에게 말하고
또 너희는 말하기를 주의 종 야곱이 우리 뒤에 있다 하라
하니 이는 야곱이 말하기를 내가 내 앞에 보내는
예물로 형의 감정을 푼 후에 대면하면
형이 혹시 나를 받아 주리라 함이었더라
(창 32:13-20)

 기도한 후에 야곱은 또 자신의 간교한 꾀를 의지하여 치밀한 조치를 취한다. 이런 야곱의 모습이 믿음의 사람의 모습처럼 보이는가? 야곱은 입만 열면 "하나님이 나와 함께 하셨다. 하나님이 나를 지켜주셨다" 말하고 어려운 일을 당하면 엎드려 기도했다. 야곱은 하나님과 함께 살고 그 하나님을 신뢰한 것처럼 보이나 그는 혼자였다. 하나님이 그를 떠나신 적은 없었지만 그는 함께 하신 하나님을 느끼거나 누리지 못했다. 그래서 그는 어려운 일을 만나면 불안해한다. 하나님께 온전히 맡기고 그를 신뢰하고 그분을 누리지 못한다. 이런 야곱을 믿음의 사람이라고 말하기보다 믿는 척하는 종교인이라고 함이 맞을 것이다.

 그는 기도하고 그 기도 응답을 믿지 않았다. 그래서 그는 모든 조치를 취해 놓고도 불안했다. 에서의 마음을 누그러

뜨릴 모든 예물을 보내고도 그는 잠을 이룰 수가 없었다.

> 그 예물은 그에 앞서 보내고
> 그는 무리 가운데서 밤을 지내다가 밤에 일어나
> 두 아내와 두 여종과 열한 아들을 인도하여
> 얍복 나루를 건널새 그들을 인도하여 시내를 건너가게 하며
> 그의 소유도 건너가게 하고
> (창 32:21-23)

도저히 불안해서 잠을 이루지 못한 야곱은 누워있는 자리에서 벌떡 일어난다. 그리고 아내들과 자녀들을 깨운다. 그리고 얍복 나루를 건너가게 한다. 이제 야곱은 혼자다. 그의 눈에 비친 이는 아무도 없는 것처럼 보인다. 불안에 떠는 그를 더는 볼 수 없었던 하나님이 '어떤 사람'의 모습으로 나타나신다. 그리고 씨름을 청하신다.

많은 설교가는 핏대를 올리며 '야곱의 얍복강의 기도를 보라'고 외친다. 하나님을 이긴 야곱을 추켜세운다. 그리고 우리도 야곱처럼 하나님을 이긴 기도의 사람이 되자고 외친다. 이것은 하나님의 음성이 아니다. 성경은 사람을 드러내는 말씀이 아니다. 인간은 전적으로 부패하고 타락해서 스스로 구원을 얻을 아무것도 없는데도 사람들은 성경을 보면서 사람만 본다.

성경을 자세히 보라. 씨름을 누가 거는가?

> 야곱은 홀로 남았더니

> **어떤 사람이** 날이 새도록 **야곱과 씨름하다가**
> 자기가 야곱을 이기지 못함을 보고
> **그가** 야곱의 허벅지 관절을 치매
> 야곱의 허벅지 관절이 그 사람과 씨름할 때에 어긋났더라
> (창 32:24-25)

씨름을 거는 이가 야곱인가? 아니다. '어떤 사람'의 모습을 지닌 하나님이시다. 씨름은 하나님이 거신다. 여기서 중요한 사실을 하나 생각해 보자. 하나님이 얍복 나루에서 기다리고 계셨을까? 아니면 씨름하려고 이 밤에 다가오셨을까? 하나님은 얍복 나루에서 씨름하려고 기다리지도 않았고, 지금 여기에 찾아오시지도 않았다. 하나님은 야곱을 떠나신 적이 없다. 언제나 야곱과 함께 하셨다. 증거 구절이 이것이다. 벧엘에서 하나님은 야곱에게 무엇이라고 약속하셨는가?

> 내가 너와 함께 있어
> 네가 어디로 가든지 너를 지키며
> 너를 이끌어 이 땅으로 돌아오게 할지라
> 내가 네게 허락한 것을 다 이루기까지
> **너를 떠나지 아니하리라** 하신지라
> (창 28:15)

그렇다. 하나님은 야곱을 떠나신 적이 없으셨다. 언제나 그와 함께 하셨다. 그런데 문제는 야곱이 함께 하신 하나님을 전혀 보지도 못하고, 느끼지도 못하고, 누리지도 못했다는 것이다.

이것을 아신 하나님은 얼마나 답답하셨겠는가? 지금까지 야곱은 하나님과 함께 살고 그 하나님을 신뢰함으로 그분을 누리며 살고 있지 않았다.

얍복 나루에 홀로 남았을 때 하나님은 그 기회를 놓치지 않으셨다. 심령이 가장 곤고하고 가난해졌을 때다. 자신을 바로 이해할 수 있고 하나님에 대한 마음이 절실한 그 순간을 놓치지 않으셨다.

"야곱아, 나와 씨름하자."

씨름하기 위해서는 자신이 쥐고 있는 것을 내려놓아야 한다. 붙잡고 있는 것을 내려놓아야 상대를 붙잡을 수 있기 때문이다. 씨름하자는 말은 다음과 같은 표현이다.

"야곱아, 왜 너는 나를 붙잡지 않니?"

"왜 너는 내 품에 안기지 않니? 그러니까 힘들잖아!"

"야곱아, 내 손을 붙잡아!"

야곱은 지금까지 자신이 붙잡고 있었던 자신과 자신의 간교한 꾀를 내려놓았다. 그리고 하나님의 손을 붙잡았다. 하나님의 손을 붙잡기는 했는데, 붙잡힌 하나님의 손에 자신을 맡기고 그분이 연주하는 대로 그분을 누리려고 하기보다 자기 생각과 주관대로 하나님을 움직이려고 힘을 쓰고 있었다. 그러니 하나님도 힘들고, 자신도 힘들 뿐이었다. 이 씨름은 날이 새도록 계속되었다.

하나님은 야곱을 이길 수가 없었다. 하나님은 허벅지 관절을 쳤다. 그 순간 야곱은 힘을 잃고 쓰러진다. 하나님은 힘없이 쓰러진 야곱을 당신의 따뜻한 가슴에 안으신다. 그때에서야 하나님이 왜 씨름하자고 하셨는지, 자신의 신앙의 문제점이 무엇인지 알게 된다. 처음으로 느껴보는 하나님 아버지의 품, 가장 평온한 가슴, 벅차오르는 사랑을 맛보게 된다.

'아하, 나는 믿는 척하는 종교인이었을 뿐이구나!'

'하나님을 말했지만 내 안에 하나님이 안 계셨구나!'

얍복나루에서 야곱은 하나님을 눈으로 본다. 손으로 만져 본다. 하나님의 품에 안겨 본다. 그리고 자신의 경험을 이렇게 표현한다.

> 그러므로 야곱이 그 곳 이름을 브니엘이라 하였으니
> 그가 이르기를 **내가 하나님과 대면하여 보았으나**
> 내 생명이 보전되었다 함이더라
> (창 32:30)

브니엘을 경험한 야곱의 삶은 완전히 바뀐다. 브니엘의 은혜를 경험한 야곱은 자신이 수많은 세월을 믿는 척하는 종교인으로 살았노라고 후회하며 변화된 삶을 산다.

태어나는 순간부터 하나님께서 자신을 떠나신 적이 없는데 나는 항상 혼자라고 생각하며 어리석게 살았노라고 고백하며 요셉에게 틈만 나면 알려 준다. 브니엘을 경험한 야곱을 통해서 요셉의 신앙이 멋지게 세워지는 것을 보면 야곱이 얼마나 바뀌었는지 충분히 알 수 있다.

거짓과 위선, 부정직과 술수 그리고 간교하기 짝이 없는 야곱! 입만 열면 탁월한 믿음의 사람처럼 말하지만 욕심의 노예가 되어 살아가는 야곱을 볼 때마다 나는 정말 못마땅하게 생각했다. 그런 야곱 편에 서 계신 하나님이 늘 마음에 들지 않아 속상했다. 그런데 그 야곱이 나 자신이라는 사실을 깨달았을 때 눈에서 주체할 수 없는 눈물이 앞을 가렸다.

나 역시 정말 밥맛없는 야곱 같았지만, 하나님은 절대 포기하지 않으셨다. 거짓과 부정직, 욕심과 간교로 얼룩진 야곱을 포기하지 않고 사랑하시고 섬세하게 지키시고 열방을 복되게 하는 역사의 주역으로 세워가신 하나님께서 나도 그렇게 세워가고 계신다. 하나님의 모습은 온유하고 겸손하신 자상한 아버지의 모습이셨다. 야곱을 기르신 하나님의 모습을 보면서 나를 기르시는 하나님 아버지의 마음을 본다. 나도 모르게 내 입에서 노래가 흘러나온다.

만입이 내게 있으면
그 입 다 가지고
내 구주 주신 은총을 늘 찬송하겠네

얍복나루에서 야곱은
하나님을 눈으로 본다.
손으로 만져 본다.
하나님의 품에 안겨 본다.

chapter 5
버린 돌을 머릿돌로…

구덩이에 던져졌을 때도,
장사꾼들에게 팔려갈 때도,
노예로 있을 때도,
억울하게 감옥 생활을 할 때도,
요셉을 요셉되게 하신 분은 하나님 한분이셨다.
하나님이 그를 "머릿돌"로 삼으셨다.

    요셉의 형들이 야곱의 집에서 멀리 떨어진 세겜에서 아버지의 양 떼를 치고 있었다. 그들의 안부가 궁금한 야곱은 요셉을 그들에게 보낸다. 요셉은 세겜으로 가서 형들을 아무리 찾아도 만날 수가 없었다. 누군가에게 물으니 그 형들이 도단으로 갔다고 한다. 요셉은 그 말을 듣고 형들을 만나기 위해 도단을 향해 정신없이 뛰어간다. 형들은 멀리서 다가오는 요셉을 보고 죽이기를 꾀하여 서로 말한다. "꿈꾸는 자가 오는구나! 자, 그를 죽여 한 구덩이에 던지고 우리가 말하기를 악한 짐승이 그를 잡아먹었다 하자. 그의 꿈이 어떻게 되는지를 우리가 볼 것이다."
    그 순간 르우벤이 듣고 요셉을 그들의 손에서 구원하려고 동생들에게 말한다.

"우리가 그의 생명은 해치지 말자. 피를 흘리지 말자. 그를 광야 그 구덩이에 던지고 우리 손을 동생에게 대지 말자."

요셉의 형들이 요셉에게 달려들어 요셉의 채색 옷을 벗기고 그를 잡아 구덩이에 던져버리고 말았다. 구덩이에 던져진 요셉은 살려달라고 애원을 했지만 그들은 들은 척도 하지 않고 그들끼리 앉아 음식을 먹고 있었다. 애원하며 부르짖는 요셉의 소리를 외면한 채 그들의 배만 채우고 있었다.

눈을 들어 본즉 이스마엘 장사꾼들이 낙타에 향품과 유향과 몰약을 싣고 애굽으로 내려가고 있었다. 밥을 먹다가 유다가 일어나서 그의 형제들에게 이렇게 말한다.

"우리가 우리 동생을 죽이고 그의 피를 덮어둔들 무엇이 유익하겠느냐? 자, 그를 이스마엘 장사꾼들에게 팔고 우리가 그에게 우리 손을 대지 말자. 그는 우리의 동생이요 우리의 혈육이지 않느냐?"

요셉의 형제들이 유다의 말을 좋게 여겨 그를 이스마엘 장사꾼들에게 팔아버리고 말았다. 형제들의 인신매매로 요셉은 노예가 되어 애굽으로 팔려가면서,

"형님들, 내가 팔려가는 것은 괜찮으나 나를 기다리는 아버지를 생각하면 내가 그냥 이렇게 팔려가서는 안 되잖아요."

아무리 애원해도 소용이 없었다. 형제들에게 버림받은 요셉은 애굽의 시대위장 보디발의 가정에 팔려갔다. 노예 신세가 되어 버렸다. 성실하게 노예생활을 하는 동안 주인의

아내가 날마다 요셉을 유혹할 때, 그는 믿음을 지켰는데 그것이 화근이 되어 감옥에 갇히게 된다.

혹자는 말하기를 하나님을 잘 섬기는 착한 요셉이 못된 형들에게 팔려 갈 때 하나님은 무엇하고 계셨느냐고 항변한다. 순결을 지키고 믿음을 지켰는데 감옥에 가게 되는 것을 보고 하나님은 어디 계셨느냐고 한다.

간혹 선한 사람들이 무자비하고 악한 자들에게 모진 고통을 당할 때 대부분의 사람들은 흔히 '하나님은 어디 계시냐'고 한다. '하나님이 계시면 어떻게 이런 일을 그냥 보고만 있으시겠느냐'고 한다.

요셉이 구덩이에 던져졌을 때 그리고 이스마엘 장사꾼들에게 팔려갈 때 하나님은 어디에 계셨을까? 보디발의 가정에 노예로 팔려갈 때 하나님은 어디에 계셨을까? 억울하게 감옥에 들어갈 때 하나님은 도대체 어디에 계셨을까? 성경은 이렇게 말한다.

> **여호와께서 요셉과 함께 하시므로**
> 그가 형통한 자가 되어 그의 주인 애굽 사람의 집에 있으니
> 그의 **주인이 여호와께서 그와 함께 하심을 보며**
> 또 **여호와께서 그의 범사에 형통하게 하심을 보았더라**
> (창 39:2-3)

성경은 보디발의 가정에서도 하나님이 요셉과 함께 하셨다고 말한다. 하나님이 함께 하심으로 그가 형통한 자가 되었다. 주인 보디발도 하나님이 요셉과 함께 하심을 보았다.

하나님이 주도적으로 요셉을 위해 형통하도록 사역하고 계셨다.

> 간수장은 그의 손에 맡긴 것을
> 무엇이든지 살펴보지 아니하였으니
> 이는 **여호와께서 요셉과 함께 하심이라**
> 여호와께서 그를 범사에 형통하게 하셨더라
> (창 39:23)

감옥에서도 하나님이 요셉과 함께했다고 증언하고 있고 하나님이 주도적으로 요셉을 형통하도록 일하고 계셨다고 증언한다.

그렇다면 구덩이에 던져졌을 때도 하나님은 요셉과 함께 하셨을까? 장사꾼들에게 팔려갈 때도 하나님은 요셉과 함께 하셨을까? 요셉은 이를 알고 느끼고 있었을까?

구덩이에 던져져 팔려가면서도, 보디발의 가정에서도, 감옥에서도 요셉의 자존감과 자부심, 그리고 자긍심과 자신감을 보라. 하나님은 언제나 요셉을 안고 계셨다.

> **요셉이 거절하며** 자기 주인의 아내에게 이르되...
> 당신은 그의 아내임이라 그런즉 내가 어찌
> 이 큰 악을 행하여 **하나님께 죄를 지으리이까**
> 여인이 날마다 요셉에게 청하였으나 **요셉이 듣지**
> **아니하여** 동침하지 아니할 뿐더러 함께 있지도 아니하니라
> (창39:8~10)

자기 주인의 아내 간청이었기에 눈 딱 감고 못 이기는 척

들을 수 있었지만, 요셉은 하나님이 함께 하심을 알고 느꼈기 때문에 거절할 수 있는 용기가 있었다. 요셉이 두 관원장과 바로의 꿈을 해석할 때에도 마찬가지이다.

> 그들이 그에게 이르되 우리가 꿈을 꾸었으나
> 이를 해석할 자가 없도다
> 요셉이 그들에게 이르되 **해석은 하나님께 있지
> 아니하니이까 청하건대 내게 이르소서**
> (창 40:8)

> 요셉이 바로에게 대답하여 이르되
> **내가 아니라 하나님께서 바로에게 편안한 대답을
> 하시리이다**
> (창 41:16)

꿈 해석을 부탁하며 요셉을 의지하는 두 관원장과 바로 앞에서 요셉은 당당하고 단호하게 하나님께서 해석하실 것이라고 말한다. 이것이 무엇을 증명하고 있는가? 요셉은 언제나 그와 함께 하신 하나님을 느끼며 살았다는 것이다. 요셉은 하나님을 알고, 사랑하고, 그 말씀에 순종하며 살았다. 나는 죽고 예수님으로 사는 스데반처럼, 바울처럼 말이다. 돌에 맞아 죽기 직전에 스데반의 기도는 예수님의 기도 '아버지 저들을 사하여 주옵소서. 자기들이 하는 것을 알지 못함이니이다(눅 23:34)'와 내용이 같다. 그런데 요셉의 말을 들어보면 요셉 안에서도 주님이 주도적으로 일하고 계심을 쉽게 알 수 있다.

> 그런즉 나를 이리로 보낸 이는
> **당신들이 아니요 하나님이시라**
> 하나님이 나를 바로에게 아버지로 삼으시고
> 그 온 집의 주로 삼으시며
> 애굽 온 땅의 통치자로 삼으셨나이다
> (창 45:8)

요셉과 함께 하시고 주도적으로 요셉을 요셉 되게 하신 분이 누구라고 하는가? 바로 하나님이시라고 한다. 요셉은 알았다. 자신을 이곳으로 이끄신 분도 하나님이시고 형통하게 하시는 분도 하나님이시며 총리로 삼으시는 분도 하나님이심을 느끼고 누리고 있었다.

> 당신들은 나를 해하려 하였으나
> **하나님은 그것을 선으로 바꾸사**
> 오늘과 같이 많은 백성의 생명을 구원하게 하시려 하셨나니
> (창 50:20)

당신들은 나를 해하려 하였지만, 하나님은 주도적으로 그것을 선으로 바꾸셨다. 왜? 오늘날과 같이 많은 백성을 살리려고 그렇게 하셨다고 말한다. 요셉의 태도와 말을 들어보면 그는 하나님과 함께 살았고 하나님을 따라 살았고 그 하나님께 자신을 드리고 있었다. 신약의 표현으로 요셉을 말하자면 '나는 죽고 하나님으로 산 자'였다. 그러다 보니 언제나 자신과 함께 하신 하나님만이 드러나고 계셨다.

요셉의 신앙은 아브라함과 야곱과 달랐다. 수직적으로 내

려오면서 요셉은 놀라운 믿음을 선물로 이어받았다. 아브라함의 성숙한 믿음이 이삭의 믿음을 아름답게 세웠듯이, 브니엘을 경험한 야곱을 통해 요셉이 믿음의 사람으로 바로 서게 되었다. 믿음은 들음에서 난다. 들음은 그리스도의 말씀으로 말미암는다. 야곱은 브니엘을 경험한 은혜를 다른 자녀들에게도 물론 들려주었을 것이다. 그러나 요셉의 형들은 늘 양을 치기 위해 집을 나가 있을 때가 많았고, 요셉은 늘 야곱과 함께 집에 있었기 때문에 훨씬 더 많은 메시지를 들을 수 있었을 것이다.

설교는 관계성 언어이다. 설교하는 자와 설교를 듣는 자 사이의 관계가 좋을수록 흡수력이 좋아진다. 야곱과 요셉 관계는 매우 좋으나 다른 형제들과 아버지의 관계는 뭔가 서먹한 분위기가 감지된다. 이것이 요셉과 다른 형제들의 신앙의 차이를 낸다고 볼 수 있다.

야곱은 늘 말했을 것이다.
"나는 얍복 나루에서 브니엘의 은혜를 누렸다. 하나님의 얼굴을 보기 전까지 나는 언제나 나와 함께 하신 하나님을 보지도 못하고, 느끼지도 못하고, 누리지도 못하고 살았다. 하나님은 언제나 나를 떠난 적이 없는데 어리석게도 나는 늘 그분을 경험하지 못하며 살았고, 그 세월이 너무 아깝다. 너는 절대로 나처럼 신앙 생활하지 말아라."

아버지 야곱의 간증을 수없이 듣고 또 들을 때 다른 형제들은 "또 그 소리예요. 이제 제발 그 소리 좀 그만 하세요"라고 했을 것이다. 그러나 요셉은 "예, 아버지. 꼭 그렇게 살게요"라고 했을 것이다. 이것이 무엇으로 증명되는가? 요셉의 삶으로 증명이 되는 것이다.

그의 형들이 '버린 돌' 요셉을 하나님은 총리로 '머릿돌'로 삼으셨다. 요셉이 훌륭하거나 똑똑해서 그렇게 되었다고 성경은 말하지 않는다. 주도적으로 요셉을 요셉 되게 하신 분은 하나님이셨다고 말한다.

요셉의 역사적 사건이 나와 무슨 관계가 있을까? 요셉의 역사적 사건을 통해 나와 함께 하신 하나님을 바라보라고 하신다. 언제 어디서나 요셉과 함께 하신 하나님의 모습을 보면서 나를 다루시는 하나님을 발견하게 된다.

> 유대인이나 헬라인이나 **차별이 없음이라**
> 한 분이신 주께서 모든 사람의 주가 되사
> 그를 부르는 모든 사람에게 부요하시도다
> (롬 10:12)

버린 돌을 머릿돌 되게 하신 하나님 안에 모든 것이 가능하다. 이것이 복음이다. 하나님은 절대로 포기하지 않으신다. 하나님은 세상에서 가장 좋은 아버지이시다.

하나님은 세상에서 가장 좋은 아버지시다.

chapter 6
못난이를 빛난 인물로…

아무도 관심갖지 않는 이에게 하나님은 주목하셨다!
레아를 볼 때마다 부족한 자식을 향한
아버지의 마음을 본다.
하나님의 계획을 본다.
못난이들의 희망을 본다.

세상에는 곱고 아리따운 사람들이 있다. 반면에 그렇지 못한 사람들도 있다. 이런 현상들을 보면 세상은 참 불공평하게 느껴진다.

볼품없는 외모를 지니고 태어났는데 동생은 말로 할 수 없을 정도로 예쁘게 태어났다면 그때 언니가 느끼는 감정은 어떨까? '그래, 나는 곱지도 않고 아리땁지도 못하는데 동생이라도 잘 생겼으니 참 다행이다.' 이럴까? 예수님이 아닌 이상 이런 감정을 가진 사람은 없을 것이다.

창세기에서 아브라함과 이삭과 야곱의 구속역사를 기록해 가는 과정에서 라반 가정의 역사를 두 장에 걸쳐 기록하고 있다.

> 라반에게 **두 딸**이 있으니
> 언니의 이름은 **레아**요
> 아우의 이름은 **라헬**이라
> 레아는 시력이 약하고 라헬은 곱고 아리따우니
> (창 29:16-17)

　라반에게 두 딸이 태어났다. 언니의 이름은 레아요 아우의 이름은 라헬이다. 그런데 이상한 것은 외모를 언급하고 있다는 것이다. "…레아는 시력이 약하고 라헬은 곱고 아리따우니…"이다. 하나님께서 특히 신체적 약점과 장점을 클로즈업(close up)하신 이유가 무엇일까?

　"…레아는 시력이 약하고…" 시력이 얼마나 약했으면 이렇게 표현했을까? 이 정도의 표현이라면 생활하는 데 많은 장애를 느꼈다는 의미일 것이다. 그 시절에는 안경이 있었을까? 아니면 콘택트렌즈(contact lens)는 있었을까? 안경도 없는데 무슨 콘택트렌즈가 있었겠는가?
　가족들의 옷을 만드는 일이나 음식을 만드는 일은 주로 여인들이 감당해야 했다. 그러나 레아는 옷을 만들거나 음식을 만드는 데도 시력 때문에 누군가의 도움이 필요했을 것이다. 레아는 이런 핸디캡(handicap)을 지니고 있었다고 성경은 밝히고 있다. 이렇게 밝히는 이유가 뭘까?
　한 걸음 더 나아가 레아는 시력뿐만 아니라 또 부족한 것이 있다고 성경은 말한다.
　"…레아는 시력이 약하고 라헬은 곱고 아리따우니…"

라헬은 곱고 아리땁다고 말한다. 그렇다면 레아는 어떻다는 것인가? 이 표현은 둘 다 곱고 아리땁다는 말인가? 아니다. 라헬은 곱고 아리땁지만, 레아는 상대적으로 그렇지 못하다는 것을 우회적으로 표현하고 있다.

잘생기려면 둘 다 잘생기고 못생기려면 둘 다 못생겼더라면 더 나았을 것이다. 레아의 처지에서 보면 최악이었을 것이다.

레아는 어린 시절부터 말할 수 없는 상처를 받았을 것이다. 자신을 긍정적으로 받아들일 수도 없고, 동생에 대한 열등감과 시기와 미움도 있었을 것이다. '나는 왜 태어났을까?' 어린 시절부터 온갖 쓰라린 상처를 스스로 안고 한 살, 두 살 나이가 들어갔을 것이다. 결혼할 때가 되어 갈수록 더 괴롭고 막막했을 것이 뻔하다. 아리따운 구석이라고는 하나도 없고, 시력 장애인인 자신을 자신도 용납할 수 없는데 누가 신부로 받아들여 줄까?

이런 생각에 사로잡혀 살아가던 중에 '보면 볼수록 마음이 편해지는 남자, 가까이하면 할수록 기대고 싶은 남자, 느낌이 좋은 남자' 야곱이 그 집에 머슴으로 들어왔다. 다른 청년이라면 몰라도 머슴이기에 한 번 해볼 만하지 않았겠는가? 야곱을 찍어놓고 레아는 '결혼 작업을 시작하지 않았을까?' 라는 생각을 해본다.

아마 야곱이 양을 치고 집에 돌아올 때마다 레아는 시원한 냉수 한 그릇을 들고 야곱에게로 다가갔을 것이다.

"야곱, 오늘도 양을 치느라 얼마나 고생이 많으셨어요. 시원한 물 한 잔 드세요."

"네, 고맙습니다."

목례를 하고 물을 마신 야곱의 눈에는 레아가 투명인간이었다. 야곱의 눈 뿐 아니라 마음에도 라헬만 자리잡고 있었다. 이 얼마나 고통스러운 현실인가? 쓰라린 아픔을 숨기면서 레아는 하루하루를 보내고 있었을 것이다.

레아가 나이를 먹어갈수록 아버지 라반의 마음도 부담된다.

'저 딸을 누가 데려가나?'

'어떻게 하면 저 딸을 출가시킬 수 있을까?'

라반이 보기에 머슴살이하는 야곱도 레아에게는 마음이 없는 것 같다. 야곱이 라헬을 사랑하고 있는 듯 보였다. 라반이 야곱에게 묻는다.

"야곱, 자네 라헬을 사랑하는가?"

"네, 그렇습니다."

"그럼 라헬과 결혼하고 싶은가?"

"네, 두말하면 잔소리죠!"

"그래, 그럼 칠 년 동안 머슴을 살아주면 내가 그 품삯으로 라헬을 자네 아내로 주겠네."

"네, 삼촌! 죽도록 충성하겠습니다."

"그럼 열심히 일하게."

이 순간 라반의 머릿속에는 무슨 계산을 하고 있었을까? 아마 '7년만 지나봐라. 내가 라헬을 줄 것 같으냐?'는 생각을 했을 가능성이 크다. 왜냐하면 라반은 야곱보다도 더 욕심 많고 속이는 끼가 탁월하기 때문이다.

야곱은 라헬을 연애함으로 낮에는 더위를 무릅쓰고 밤에는 추위를 당하면서도 7년을 하루같이 보냈다. 7년이 다 찼다. 이제 야곱이 라헬과 결혼할 날이 다가온 것이다. 이스라엘은 결혼식을 낮에 하는 것이 아니라 밤에 한다. 낮에는 덥기 때문이다. 야곱은 신랑으로서 단장하고 마당에서 신부 입장을 기다리고 있었다. 아무리 기다려도 신부가 입장하지 않았다. 시간이 많이 지나 밤이 깊어지고 있었다. 깊은 밤, 라반은 기다리고 있는 신랑 야곱에게 말한다.

"어야, 자네와 나 사이에 결혼식이 무슨 큰 의미가 있겠는가? 신혼 첫날밤을 보내는 것으로 결혼식을 대체하는 것이 어떻겠는가?"

"네, 그것 좋은 생각입니다."

"그럼 어서 첫날밤을 지낼 신혼 방으로 들어가게."

"네, 그렇게 하겠습니다."

야곱은 설레는 마음으로 라헬과 첫날밤을 보낼 방으로 들어갔다. 등불을 켜 놓고 아무리 기다려도 라헬이 입장하지 않는다. 졸음 때문에 윗눈꺼풀이 내려오기 시작한다. 밖에서 라반의 소리가 들린다.

"어야, 이 사람 야곱, 그렇게 불을 환히 켜 놓고 있으면 신부가 들어가기가 얼마나 힘들겠는가? 불을 끄고 기다리게."

"네, 그렇게 하겠습니다."

불을 끈 상태에서 야곱은 기다리고 있었다. 밖에서는 라헬이 들어가려고 대기하고 있는데 라반이 갑자기 라헬에게 말한다.

"라헬아, 너는 저리 가 있거라."

"왜요?"

"저리 가라니까!"

"아니, 왜요?"

"이유는 물을 것 없다."

그러더니 라반은 레아에게 말한다.

"레아야, 네가 들어가거라."

"네~? 아버지 이래도 되나요?"

"괜찮으니 네가 들어가거라."

"이러면 안 되는데.... 이러면 안 되는데...."

말은 하면서도 레아의 발은 방을 향해 들어가고 있었다. 방문이 열리고 신부가 들어오는 것을 느낀 야곱은 등불을 켜려고 한다. 레아는 등불을 켜려고 하는 야곱의 손을 사로잡아 이불 속으로 들어가고 만다. 야곱은 신부의 얼굴을 보고 싶어서 노력해 봤지만, 레아는 이불로 얼굴을 가리고 야곱의 품속으로 들어가고 만다. 이렇게 해서 신부 바꿔치기가 성공한다. 라반은 레아를 결혼시키기 위해 야곱을 감쪽같이 속인 것이다.

야곱은 속은 줄도 모르고 신혼 첫날밤을 레아와 함께 보내고 아침 일찍 일어난다. 꿈에도 그리던 라헬의 얼굴이 보고 싶었다. 눈을 뜨자마자 신부의 얼굴을 보면서 하는 말이다.
"자기야, 까꿍~!"
신부의 얼굴을 보는 순간 충격을 받았다.
"아니…. 당신 레아가 아닙니까?"
버럭 화를 낸 야곱은 라반에게 쫓아간다.
"삼촌! 어떻게 사람을 이렇게 속일 수 있습니까?"
"야곱, 자네와 나. 입장 한 번만 바꾸어 놓고 생각해 보게. 자네에게 두 딸이 있다고 생각해 보게나. 첫째 딸은 매우 거시기하고 둘째 딸은 매우 머시기하다고 해서 첫째 딸을 앞세워 둘째 딸을 출가시키겠는가?'
야곱이 라반의 말을 듣고 보니 일리가 있었다. 하지만 야곱의 분이 풀리지 않음을 보고 라반이 수습 방안을 내놓는다.
"여보게 야곱, 자네 꼭 라헬과 결혼해야 하겠는가?"
"네, 저는 꼭 라헬과 결혼해야 하겠습니다."
"그럼 앞으로 7년만 더 우리 집에서 머슴을 살아줄 수 있겠는가? 그렇게 하겠다고 약속해 준다면 내가 라헬을 7일 뒤에 자네에게 주겠네."
"네, 그렇게 하겠습니다."
꾀 많은 라반은 이렇게 해서 라헬을 사랑하는 야곱에게 레아까지 끼워서 출가시켰다.

성경이 표현하고 있지 않은 부분을 해석자의 상상력에 의해 재구성하여 표현된 내용이 꼭 맞다고 할 수는 없다. 하지만 이렇게 하지 않으면 어떻게 신부를 바꿔치기할 수 있었겠는가?

결과적으로 레아는 아버지가 속임수를 써서 출가시켰다. 이렇게 시집간 레아의 결혼생활은 얼마나 험준한 가시밭길이었을까? 짐작이 간다. 남편의 마음 속에 레아가 들어갈 공간이 없었다. 남편의 마음을 가득 채우고 있는 여인은 다름 아닌 동생 라헬이었다. 이것이 레아의 아픔과 고통 2막이다.

레아는 한이 서린 여인이다. 그 한이 뭔가? 사랑받지 못함이었다. 그녀는 태어나는 순간부터 시력 장애인이였고 곱지도 아리땁지도 못했다. 그런데 그녀의 동생 라헬은 곱고 아리따웠다. 어린 시절부터 가족들의 사랑은 동생이 독차지했을 것이 분명하다. 그리고 결혼한 후에도 남편의 사랑은 라헬이 독차지했다. 레아는 남편에게도 사랑 한 번 제대로 받아 본 적이 없는 여인이었다.

'집에서 사랑받지 못한 강아지, 밖에 나가서도 사랑받지 못한다'는 옛말이 있듯이 누구도 레아를 주목하지 않았을 것이고, 관심을 두지도 않았을 것이다.

사랑받지 못한 한을 품고 살아가는 그 여인을 정말 사랑하는 분이 계셨다. 누구도 관심 갖지 않을 때 레아에게 관심을 갖는 분이 계셨다. 아무도 주목하지 않을 때 그녀를 주목하는 분이 계셨다. 그가 누구인가?

여호와께서 레아가 사랑받지 못함을 보시고

> 그의 태를 여셨으나
> 라헬은 자녀가 없었더라
> 레아가 임신하여 아들을 낳고 그 이름을 르우벤이라 하여
> 이르되 여호와께서 나의 괴로움을 돌보셨으니
> 이제는 내 남편이 나를 사랑하리로다 하였더라
> (창 29:31-32)

바로 여호와 하나님이셨다. 하나님은 라헬보다 레아에게 더 큰 관심을 가지셨다. 그리고 라헬보다 레아를 더 주목하셨다. 레아가 사랑받지 못함을 '보시고'에 주목하라. 얼마나 멋진 표현인가? 이 놀라운 은혜를 느낀 레아의 고백을 보라. "…이르되 여호와께서 나의 괴로움을 돌보셨으니…"이다. 하나님은 레아의 괴로움을 돌보셨다. 할렐루야!

레아의 역사적 사건을 주목해 보면 레아는 세상을 이긴 자로 나타난다. 자기 인생을 비관하고 포기할 수도 있는데 레아는 그렇지 않았다. 무시하고 멸시하고 천대하는 이들 앞에 자신의 인생을 포기하지 않는다. 고통스러운 현실을 이기는 에너지가 뭘까? 최악의 순간을 지내면서도 굴하지 않고 당당하게 일어서게 한 에너지가 뭘까? 무엇이 세상을 이기는 에너지인가?

> 세상을 이기는 승리는 이것이니 우리의 믿음이니라
> (요일 5:4하)

세상을 이기는 에너지는 바로 믿음이라고 성경은 말씀한다. 레아가 극한 현실 속에서 세상을 이기고 역사의 주역으

로 우뚝 섰다는 것이 무엇을 의미하는가? 그에게 세상을 이기는 믿음이 있었다는 것을 증명하고 있다.

레아는 어떤 믿음을 가졌을까? 레아는 부족하면 부족할수록 하나님을 붙든다. 사랑받지 못할수록 하나님의 품속으로 들어간다. 이것이 바로 레아의 믿음이었다.

레아의 신앙고백을 우리 식으로 표현하면 이렇다.

'하나님, 누구도 나에게 관심을 두지 않아요. 누구도 나를 주목하지 않아요. 하나님마저 나를 외면하면 나는 설 자리가 없어요.'

'하나님, 나는 눈이 없어요. 내 눈은 하나님입니다.'

'하나님, 나는 아름답지도 못합니다. 나의 아름다움은 오직 하나님뿐입니다.'

'하나님, 나는 남편이 없어요. 나의 진정한 남편은 하나님입니다.'

레아는 부족하면 부족할수록 하나님을 붙잡았다. 사람들이 외면할수록 그녀는 하나님 품으로 점점 더 들어갔다. 이것이 바로 레아로 하여금 세상을 이기게 하는 믿음이었다.

레아의 가슴에 서린 사랑받지 못한 한이 그의 입술을 통해 부르짖으므로 나타난다.

"하나님, 나는 사랑받지 못한 여인이랍니다. 나도 남들처럼 사랑 한번 받아보고 싶어요."

오직 그가 부르짖는 기도제목은 이 한 가지였다. 아무리 부르짖어도 그 소리가 허공을 울리는 것처럼 느껴질지라도 그녀는 기도를 포기하지 않았다. 어떻게 보면 부르짖기라도 해야, 쌓였던 마음의 응어리가 풀릴 것 같았을 것이다. 그 부르짖음을 하나님이 안 들어주는 것 같이 느껴질 때도 많았을 것이다. '내가 이렇게 부르짖는 것이 무슨 의미가 있을까?' 자신의 부르짖음에 대해 회의를 느낄 때도 한두 번이 아니었을 것이다. 그렇게 부르짖으면서 보냈던 세월이 얼마나 흘렀을까?

한이 서린 여인의 부르짖음을 하나님께서 외면할 리 있을까? 성경은 이렇게 말한다.

> 그가 다시 임신하여 아들을 낳고 이르되
> **여호와께서 내가 사랑받지 못함을 들으셨으므로**
> 내게 이 아들도 주셨도다 하고
> 그의 이름을 **시므온**이라 하였으며
> (창 29:33)

하나님은 레아의 신음을 들으셨다. "…**여호와께서** 내가 사랑받지 못함을 **들으셨으므로**…" 하나님은 아무도 주목하지 않은 레아를 주목하셨다. 그 이유는 레아가 자신의 부족한 것을 '절망의 재료'로 삼아 낙심해 있지 않고 '기도의 제목'으로 바꾸었기 때문이다. 힘들면 힘들수록 하나님을 붙잡고 부르짖었기 때문이다. 부르짖음이 있기에 하나님이 들으실 수 있는 것이 아닌가? "…**들으셨으므로**…" 레아가 부르짖으니 들으셨고 주목하셨다.

하나님은 우리가 부르짖을 때 어떻게 응답하시는가?

> 우리 가운데서 역사하시는 능력대로 우리가
> **구하거나 생각하는 모든 것에 더 넘치도록**
> 능히 하실 이에게
> (엡 3:20)

구하는 것이나 생각하는 모든 것에 넘치도록 능히 하신다. 이 약속대로 하나님은 레아의 부르짖음에 어떻게 응답하셨는가?

> 그가 다시 임신하여 아들을 낳고 이르되
> 여호와께서 내가 사랑받지 못함을 **들으셨으므로**
> 내게 이 아들도 주셨도다 하고
> 그의 이름을 **시므온**이라 하였으며
> 그가 또 임신하여 아들을 낳고 이르되
> 내가 그에게 세 아들을 낳았으니
> 내 남편이 지금부터 나와 연합하리로다 하고
> 그의 이름을 **레위**라 하였으며
> 그가 또 임신하여 아들을 낳고 이르되
> **내가 이제는 여호와를 찬송하리로다** 하고
> 이로 말미암아 그가 그의 이름을 **유다**라 하였고
> 그의 출산이 멈추었더라
> (창 29:33-35)

레아의 부르짖음에 응답의 싹이 났다. 그 싹은 바로 시므온과 레위 그리고 유다였다. 유다를 낳고 레아는 이렇게 고백한다. "내가 이제는 여호와를 찬송하리로다." 레아의 입술에서 이제는 하나님을 찬송하는 노래가 나온다.

> 우리 가운데서 역사하시는 능력대로 우리가

구하거나 생각하는 모든 것에 더 넘치도록
능히 하실 이에게
(엡 3:20)

하나님은 레아의 기도보다 더 넘치도록 능히 하셨다. 레위라는 싹에서 모세라는 줄기가 나온다. 모세는 애굽에서 종살이하던 이스라엘 백성들을 출애굽 시킨다. 이 얼마나 놀라운 기도의 열매인가? 모세가 이스라엘 백성들을 구해 출애굽 할 때 레아는 낙원에 있었다. 낙원에서 레아가 하는 말이다.

"오매오매! 연약한 여종의 기도를 통해 이렇게 놀라운 일을 행하시다니! 하나님, 감사! 감사! 감사해요!"

이뿐만이 아니다. 레위에게서 아론이라는 줄기가 나온다. 그리고 그 줄기가 바로 대제사장의 반열을 이어간다. 한 걸음 더 나아가 응답의 싹 중에 유다가 있다. 그 유다에게서 나온 줄기들은 다윗, 솔로몬, 르호보암, 왕, 왕, 왕… 예수 그리스도께서 그 혈맥을 타고 오셔서 하나님의 나라가 이 땅에 임하게 된다.

라반의 두 딸 즉 레아와 라헬 중에 누가 주연이고 누가 엑스트라인가? 구속역사를 이어가는 주연은 누가 되는가? 바로 레아이다. 하나님은 레아를 주목하셨다. 그리고 아무도 관심 갖지 않은 레아에게 하나님은 놀라운 관심을 가지셨다. 그리고 하나님은 레아에게 측량할 수 없는 사랑을 쏟아 부으셨다. 레아를 통해 제사장의 반열과 왕의 반열, 즉 두

반열을 이어가게 하시지 않은가? 놀라운 은혜와 사랑이 아닐 수 없다.

이 사실을 아는 모든 사람은 레아가 사랑스럽게 느껴질 것이다. 출발은 한없이 뒤처져 있었지만, 끝은 타의 추종을 허락하지 않을 정도로 앞서 나간 것이다. 여기서 못난이들의 희망을 본다. 이것이 복음이다.

곱지도 않고 아리땁지도 않아 아무 볼품없는 한 여인의 절규를 절대 외면하지 않고 곱고 아리따운 자들보다 더 멋지게 세워 가시는 하나님의 손길을 보았는가? 이것이 바로 하나님의 마음이다. 그리고 하나님의 계획이셨다.

> 그뿐 아니라
> **더 약하게 보이는 몸의 지체가 도리어 요긴하고**
> 우리가 몸의 **덜 귀히 여기는 그것들을**
> **더욱 귀한 것들로 입혀 주며**
> 우리의 **아름답지 못한 지체는**
> **더욱 아름다운 것을 얻느니라**
> (고전 12:22-23)

복음은 '약하게 보이는 사람을 더욱 요긴하게 쓰신다'고 말한다. 바로 레아를 그렇게 쓰셨다. 복음은 '귀하게 여기지 않는 사람을 더욱 귀한 것들로 입혀준다'고 말한다. 복음대로 하나님은 레아에게 이렇게 행하셨다. 복음은 또 '아름답지 못한 사람을 더욱 아름다운 것으로 입혀주시겠다'고 하셨다. 복음대로 하나님은 레아에게 행하셨다. 성경은 이렇게 말한다. 이것이 복음이라고, 이 복음은 유대인에게나 헬라인에게나 차별이 없다고, 주의 이름을 부르는 자에게 부요하시다고 말한다.

> 유대인이나 헬라인이나 **차별이 없음이라**
> 한 분이신 주께서 모든 사람의 주가 되사
> 그를 부르는 **모든 사람에게** 부요하시도다
> (롬 10:12)

레아의 눈물을 보신 하나님이 나의 눈물을 보시지 않겠는가?

레아의 쓰라린 마음을 알아주신 하나님이 내 마음도 알아주시지 않겠는가?

마음의 한이 입술을 통해 신음으로 하나님의 귀에 들려질 때 귀 기울이시는 하나님이 나의 신음에도 귀를 기울이시지 않겠는가?

사랑받지 못한 서러움이 부르짖음을 통해 들릴 때 못 견디시고, 더 주지 않고는 견디지 못하시는 하나님이 나의 부르짖음에도 동일하게 응답하시지 않겠는가?

레아에게 관심을 가지고 주목하시며 치유하시고 회복해 가시는 하나님의 손길을 보면서 오늘 나를 치유하시고 회복해 가시는 그분의 손길이 보인다. 복음을 아는 누구나 다 레아를 다루시는 하나님의 모습에서 자신을 다루시는 하나님을 만나게 된다.

열네 살 때 아버지를 여의고 중학교 1학년 때인 열다섯 살 때 축구를 하다가 공에 눈을 맞아 실명한 한 학생이 있다. 아들이 이제 앞을 볼 수 없다는 의사의 진단에 충격을 받은 그 학생의 어머니가 시름시름 앓다 세상을 떠났다. 어머니가 돌아가신 후 영등포 봉제공장에서 일하면서 동생들을 먹여 살리던 누나마저 폐병으로 세상을 떠나게 된다. 고아가 된 형제들은 뿔뿔이 흩어졌다. 그는 장애인 재활원으로, 여동생은 고아원으로, 남동생은 철물점으로…. 재활원을 전전하며 그는 수년간 방황했다. 자살도 여러 차례 기도했다. 그러나 어느 목사님의 도움으로 "갖지 못한 한 가지를 불평하기보다 가진 열 가지를 감사하자"는 말에 마음을 고쳐먹었다.

그 이후 그는 많은 고생 끝에 연세대 교육학과에 진학했고, 자원봉사자로 1년, 누나로 6년, 약혼녀로 3년을 함께 했던 이와 결혼을 한다. 아내의 도움으로 대학을 졸업하고, 미국으로 유학을 가서 교육학 박사학위를 받고 대학교수로 재직하다가 미국 부시 행정부 백악관 국가장애인위원회 정책차관보를 지낸다. 그가 바로 강영우 박사이다.

1972년 신혼부부로 미국 땅에 도착할 때 태중에 있던 큰아들은 아버지의 눈을 고치겠다는 꿈을 이루기 위해 하버드대를 졸업해 안과의사가 되어 듀크대학병원에 근무 중이며, 산부인과 의사인 아내를 맞았다. 작은아들은 필립스 앤도버 아카데미 출신으로 약관 27세의 나이로 연방 상원 법사위

원회에서 리처드 더빈 상원의원 입법 활동을 보좌하는 고문 변호사이며 오바마 대통령의 법률자문변호사이다. 그의 아내 역시 하버드 법대를 졸업하고 변호사로 활동 중이다.

그가 2012년 췌장암으로 세상을 떠날 때 지인들에게 편지를 보낸다. 그의 편지 마지막 부분을 보면 연약함을 통해 하나님이 베풀어 주신 은혜가 기록되어 있다. 마지막 부분을 소개한다.

…하나님의 축복으로 저는 참으로 복되고 감사한 한평생을 살아왔습니다.

저의 실명을 통해 하나님은 제가 상상조차 할 수도 없는 역사를 이루어 내셨습니다. 전쟁이 휩쓸고 가 폐허가 된 나라에서 어린 시절을 보내고, 두 눈도, 부모도, 누나도 잃은 고아가 지금의 이 자리에 서 있을 수 있는 것은 하나님의 인도하심 덕분입니다.

실명으로 인하여 당시 중학생이라면 꿈도 못 꿨을 예쁜 누나의 팔짱을 끼고 걸을 수 있었고, **실명으로 인하여** 열심히 공부해서 하나님의 도구로 살아 보겠다는 생각도 하게 됐습니다. **실명으로 인하여** 책도 쓸 수 있었고, 세계 방방곡곡을 다니며 수많은 아름다운 인연들도 만들었습니다.

하나님께서 마련해주신 아름다운 인연들로부터 받은 게

너무 많아 봉사를 결심할 수 있었고, 이를 통해 많은 사람에게 감동을 전하는 강연들도 하게 되었습니다. 두 눈을 잃고, 저는 한평생을 살면서 너무나 많은 것을 얻었습니다.

늘 여러분의 곁에서 함께 하며 이 세상을 조금 더 아름다운 곳으로 만들기 위해 노력하고 싶은 마음은 무엇보다 간절하나 안타깝게도 그럴 수 없다는 것이 현실입니다. 최근 여러 번 병원에서 검사와 수술, 치료를 받았으나 앞으로 저에게 허락된 시간이 길지 않다는 것이 의료진들의 의견입니다.

여러분들이 저로 인해 슬퍼하시거나, 안타까워하지 않으셨으면 하는 것이 저의 작은 바람입니다. 아시다시피, 저는 누구보다 행복하고 축복받은 삶을 살아오지 않았습니까? 끝까지 하나님의 축복으로 이렇게 하나, 둘 주변을 정리하고 사랑하는 사람들에게 작별 인사할 시간도 허락받았습니다.

한 분 한 분 찾아뵙고 인사드려야 하겠지만, 그렇게 하지 못하는 점 너그러운 마음으로 이해해 주시기를 바랍니다. 여러분으로 인해 저의 삶이 더욱 사랑으로 충만하였고, 은혜로웠습니다. 감사합니다. － 강영우박사 －

90% 부족한 자들을 주목하시며 못난이들에게 더 큰 관심을 보이신 분이 계신다. 그분은 바로 하나님이시다. 그리

고 부족한 사람에게 존귀를 더하시고 약한 자들을 더 요긴하게 사용하신다. 이것이 성경이 말하는 놀라운 복음이다.

연약한 자들을 보면 붙잡아주고 싶은 마음이 들고 불쌍한 자들을 보면 도와주고 싶은 마음이 내면에서 일어난다. 이런 인간의 마음이 바로 하나님의 형상이다. 하나님이 인간을 지으실 때 당신의 성품을 담아 지으셨기 때문에 사람에게도 긍휼의 마음이 있다.

그래서 레아를 볼 때마다 하나님의 마음을 본다. 부족한 자식을 향한 뜨거운 아버지의 마음을…. 약한 자녀가 부모 마음에 항상 걸리듯이 하나님 아버지도 예외는 아니셨다. 몇천 배, 몇만 배, 몇억 배 더하셨다. 그 사랑 앞에 오늘도 뜨겁게 감격한다. 그리고 노래한다.

만입이 내게 있으면
그 입 다 가지고
내 구주 주신 은총을 늘 찬송하겠네!

그늘진
세상을 향해
사랑의 빛은 언제나 비치고 있는데...

chapter 7
율법에 담긴 하나님의 마음

건강하고 부유한 자녀보다 연약하고 가난한 자녀에게
부모의 관심은 더해지리라
이것이 부모의 마음이라면
하나님은 얼마나 더할까...?

부자와 가난한 자 중에 하나님은 누구를 더 사랑하실까? 귀한 자와 천한 자 중에 하나님은 누구를 더 사랑하실까? 건강한 자와 병든 자 중에 하나님은 누구를 더 사랑하실까? 고용주와 고용인 중에 하나님은 누구를 더 사랑하실까?

답은 이것이다. 하나님은 똑같이 사랑하신다.

그렇다면 부자와 가난한 자 중에 하나님의 관심은 누구에게 더 흐를까? 귀한 자와 천한 자 중에 하나님의 관심은 누구에게 더 흐를까? 건강한 자와 병든 자 중에 하나님의 관심은 누구에게 더 흐를까?

십계명을 통하여

하나님이 주신 십계명을 보면 빈부귀천 지위고하를 막론하고 똑같이 사랑하신다는 것을 알 수 있다. 그러나 하나님의 관심은 그렇지 않음을 볼 수 있다.

1. 너는 나 외에는 다른 신들을 네게 두지 말라.
2. 너를 위하여 새긴 우상을 만들지 말고,
   또 위로 하늘에 있는 것이나,
   아래로 땅에 있는 것이나,
   땅 아래 물속에 있는 것의 어떤 형상도 만들지 말며,
   그것들에게 절하지 말며, 그것들을 섬기지 말라.
3. 너는 네 하나님 여호와의 이름을
   망령되게 부르지 말라.
4. 안식일을 기억하여 거룩하게 지키라.
5. 네 부모를 공경하라.
6. 살인하지 말라.
7. 간음하지 말라.
8. 도둑질하지 말라.
9. 네 이웃에 대하여 거짓 증거하지 말라.
10. 네 이웃의 집을 탐내지 말라.

혹자는 말하기를 '제1계명에서 제4계명까지는 하나님을 위한 계명이고, 제5계명에서 제10계명까지는 사람을 위한 계명이다'라고 한다. 그러나 십계명을 자세히 살펴보면 제1계명에서 제4계명까지도 사람을 위한 계명임을 알 수 있다.

제1계명인 "너는 나 외에는 다른 신을 네게 두지 말라"는 계명은 사람을 위해 주신 가장 귀한 복음이다. 하나님 이외에 다른 신을 인정할 때부터 인간의 불행과 저주가 시작되기 때문이다.

아담을 보라. 그는 스스로 하나님처럼 되어 보려고 선악을 알게 하는 나무의 실과를 따 먹었다. 그는 하나님의 말씀보다 사단의 말을 더 신뢰함으로 사단을 다른 신으로 두게 된 것이다. 하나님 외에 다른 신을 두게 된 결과가 무엇인가? 사단의 노예가 되어 그의 생명과 영혼을 도둑맞게 된 것이다.

아담 뿐 아니다. 모든 인류가 하나님 외에 다른 신을 자신들의 중심에 두면서부터 그들은 하나님의 아들로 살기보다 자신들이 선택한 신들 '물질, 명예, 권력, 성(性), 스마트폰' 등 각종 중독의 노예가 되어 그들의 생명과 영혼을 도둑맞게 되지 않았던가? 그러므로 첫 계명을 묵상할 때 사람을 위해 주신 가장 기초적이며 중요한 계명임을 알 수 있다.

제2계명 "너를 위하여 어떤 우상도 만들지 말라"는 말씀을 묵상할 때마다 인간을 사랑하는 사랑이 얼마나 지극하시며 특히 노동력으로 먹고사는 자들에게 하나님의 관심이 얼마나 많이 쏟아지고 있는지를 알 수 있다.

십계명을 주실 당시 고대국가들의 문화를 살펴보면 이것

을 더 잘 알 수 있다. 고대국가들의 신전을 보라. 수십 년 수백 년에 걸쳐 신전을 짓는다. 고대 왕들은 신전을 다른 나라들보다 더 크게 짓는 일에 혈안이 되어 있었다. 왜냐하면, 고대국가 왕들은 자신의 권위기반을 신의 아들이라는 데에 두었고, 다른 국가보다 더 큰 신전을 지으므로 자신이 가장 강한 신의 아들임을 드러내고 싶었기 때문이다. 이러한 왕들의 탐욕을 채우기 위해 내는 세금과 신전을 짓기 위해 동원된 노동력이 백성들의 허리를 휘게 했을 것이다. 하나님은 제2계명을 통해서 그런 피눈물 나는 고생을 미리 방지하고 계신 것이다. 물론 우상을 만들지 말라는 이유가 비단 이것만은 아니었을 것이다.

만약 하나님께서 우상을 만들라고 하셨더라면 어떠했을까? 계속해서 나라마다 더 크고 웅장하게 우상을 지으려고 했을 것이 분명하다. 그리고 그 우상을 모실 신전은 또 얼마나 크게 지으려고 했을까? 이 결과 가장 고생하는 부류는 힘없는 백성들이다. 노동력을 기반으로 하는 선량한 백성들이다. 하나님은 이들을 사랑하셨고 그들이 고생하는 것을 원하지 않으셨다.

안식일을 지키라는 제4계명을 자세히 살펴보아도 노동력을 기반으로 살아가는 자들에게 얼마나 큰 관심을 가지고 계셨는지 알 수 있다.

> 안식일을 기억하여 거룩하게 지키라
> 엿새 동안은 힘써 네 모든 일을 행할 것이나
> 일곱째 날은 네 하나님 여호와의 안식일인즉
> 너나 네 아들이나 네 딸이나 **네 남종이나 네 여종이나**
> 네 가축이나 네 문안에 머무는 객이라도
> 아무 일도 하지 말라
> (출 20:8-10)

남종이 있고 여종이 있는 가정에서는 아들이나 딸들이 일하지 않을 것이 뻔하다. 그러므로 제4계명은 노동력을 기반으로 먹고사는 자들에 대한 하나님의 깊은 관심이 있음을 보여준다. 어떻게 보면 하나님의 사랑은 주인이나 종, 어느 쪽으로도 기울어지지 않는다. 모두를 똑같이 사랑하셨지만 관심은 연약한 자들에게, 힘없는 자들에게 많이 흐르고 있음을 볼 수 있다.

눈은 눈으로

율법이 주어질 당시 선민에게 주신 민법 중에 이런 법이 있다.

> 눈은 눈으로, 이는 이로, 손은 손으로, 발은 발로,
> 덴 것은 덴 것으로, 상하게 한 것은 상함으로,
> 때린 것은 때림으로 갚을지니라
> (출 21:24-25)

율법에 담긴 하나님의 마음

우리는 흔히 이 법을 동해보복법이라고 한다. 이 법을 말씀하신 분이 하나님이시다. 이렇게 말씀하신 하나님이 예수님을 통해서 산상수훈에서는 이렇게 말씀하신다.

> 누구든지 네 오른편 뺨을 치거든
> 왼편도 돌려 대며
> 또 너를 고발하여 속옷을 가지고자 하는 자에게
> 겉옷까지도 가지게 하며
> 또 누구든지 너로 억지로 오 리를 가게 하거든
> 그 사람과 십 리를 동행하고
> 네게 구하는 자에게 주며
> 네게 꾸고자 하는 자에게 거절하지 말라
> (마 5:39하-42)

전혀 다른 말씀처럼 느껴진다. 구약에서 하신 말씀이 다르고 신약에서 하는 말씀이 다르게 보인다. 그렇다면 "…눈은 눈으로 이는 이로…"라는 말씀은 손해를 입힌 대로 갚아주라는 의미가 아닌 것이 분명하다. 왜냐하면, 네 이웃을 네 몸과 같이 사랑하라고 하신 분이 보복하라는 의미로 이 말씀을 하실 수 없기 때문이다. 오른편 뺨을 치거든 왼편도 돌려대라고 말씀하신 하나님이 철저하게 손해 본 대로 보복하라고 말씀하실 수 없기 때문이다.

그렇다면 이 말씀의 의미가 뭘까?

주인이 실수로 그만 종의 이빨을 상하게 했다고 가정해보자. 그 당시 종은 주인의 소유이기 때문에 종의 이빨을 상하게 했더라도 갚아주지 않아도 큰 문제가 되지 않았을 것이다. 하지만 그런 문화 속에서 하나님의 말씀은 주인이라고 해서 그냥 넘어가서는 안 된다고 종을 '보호'해 주시는 것이다. 종의 '이'를 상하게 했다면 반드시 주인이 '이'로 갚아 주어야 한다는 것이다.

또한, 반대로 종이 주인의 한쪽 눈을 상하게 했다고 가정해 보자. 힘이 있는 주인은 그 종의 한쪽 '눈'뿐만 아니라 두 '눈'을 상해해도 분이 풀리지 않을 것이다. 종은 주인의 소유이기 때문에 어쩌면 그의 목숨을 빼앗을지도 모른다. 그때 하나님의 말씀은 주인에게 "눈은 눈으로, 이는 이로 갚으라"고 말씀하시면서 사회적 약자인 그 종을 '보호'하는 것이다. 하나님의 관심은 강자보다는 약자에게 흐르고 있다. 사회적으로 연약한 자를 보호하기 위해서 이처럼 '보복법'이 아닌 '보호법'을 제정해 주셨다.

추수할 때

하나님은 이스라엘 백성들이 곡물을 벨 때 어떻게 추수하라고 하시는가?

> 너희 땅의 곡물을 벨 때에 밭 모퉁이까지 **다 베지 말며**
> 떨어진 것을 줍지 말고
> 그것을 가난한 자와 거류민을 위하여 남겨두라
> 나는 너희의 하나님 여호와이니라
> (레 23:22)

곡물을 벨 때 밭 모퉁이까지 다 베지 말라고 하신다. 떨어진 것도 줍지 말라고 하신다. 그 이유가 뭔가? 바로 가난한 자와 거류민들을 위하여 남겨두라고 하신 것이다. 그렇다면 하나님의 관심은 누구에게 흐르고 있는 것인가? 가난한 자와 거류민들이다. 이것이 바로 하나님의 마음이다.

하나님이 가장 기뻐하는 금식

이사야 선지자가 활동하던 시절 일부 신자들이 날마다 하나님을 찾아 하나님의 뜻을 알기를 즐거워했다.

> 의로운 판단을 내(하나님)게 구하며
> 하나님과 가까이 하기를 즐거워하는도다
> (사 58:2하)

그들은 금식기도를 드리면서 하나님을 향해 이렇게 말했다.

> 우리가 금식하되 어찌하여 주께서 보지 아니하시오며
> 우리가 마음을 괴롭게 하되
> 어찌하여 주께서 알아 주지 아니하시나이까
> (사 58:3상)

그들은 이렇게 원망하며 종들에게 온갖 일을 시켰다. 그들이 금식하는 동안 그들의 종들은 허리가 휠 지경이었다.

그들에게 하나님이 진정으로 기뻐하는 금식이 무엇인지를 알려주신다. 그것이 무엇인가?

> 내가 기뻐하는 금식은
> (일꾼들의) 흉악의 결박을 풀어 주며
> (일에 시달리는 종들의) 멍에의 줄을 끌러 주며
> (그들에게) 압제 당하는 자를 자유하게 하며
> 모든 멍에를 꺾는 것이 아니겠느냐
> 또 주린 자에게 네 양식을 나누어 주며
> 유리하는 빈민을 집에 들이며
> 헐벗은 자를 보면 입히며
> 또 네 골육을 피하여
> 스스로 숨지 아니하는 것이 아니겠느냐
> (사 58:6-7)

하나님이 기뻐하시는 금식은 일꾼들의 어깨에 지어진 흉악의 결박을 풀어 주는 것이며, 일에 시달리는 종들의 멍에의 줄을 끌러 주는 것이며, 그들에 의해 압제당하는 자를 자유롭게 해주는 것이며, 또 주린 자에게 양식을 나누어 주는 것이며, 유리하는 빈민을 집에 들이는 일이며, 헐벗은 자를 보면 입혀주는 일이며, 또 골육이 손을 내밀 때 피하여 스스로 숨지 아니하는 것이다.

하나님의 마음이 어디에 있는가? 낮은 자들에게 있었다. 노동력으로 살아가는 그들에게 있었다. 하나님의 관심이 누구에게 쏠리고 있는가? 하나님을 기뻐하고 하나님의 길 알기를 좋아하며 금식하며 기도하고 있는 그들에게만 있는 것이 아니라 억압받고 일에 시달리는 자들에게도 있었다. 일

속에서 헤어 나오지 못하는 종들에게 있었다.

　하나님의 마음으로 그들을 섬기며 배려하는 자들에게 하나님은 아까울 것이 없이 부어 주시겠다고 약속하신다. 하나님의 마음이 그들에게 얼마나 진하게 흐르고 있는지, 하나님의 관심이 그들에게 얼마나 뜨겁게 흐르고 있는지, 금식에 대한 하나님의 약속을 보면 더 진하게 알 수 있다.

　　　그리하면
　　　네 빛이 새벽 같이 비칠 것이며
　　　네 치유가 급속할 것이며
　　　네 공의가 네 앞에 행하고
　　　여호와의 영광이 네 뒤에 호위하리니
　　　네가 부를 때에는 나 여호와가 응답하겠고
　　　네가 부르짖을 때에는 내가 여기 있다 하리라
　　　만일 네가 너희 중에서 멍에와 손가락질과
　　　허망한 말을 제하여 버리고
　　　(사 58:8-9)

　거듭 약속하신다.

　　　주린 자에게 네 심정이 동하며
　　　괴로워하는 자의 심정을 만족하게 하면
　　　네 빛이 흑암 중에서 떠올라
　　　네 어둠이 낮과 같이 될 것이며
　　　여호와가 너를 항상 인도하여 메마른 곳에서도
　　　네 영혼을 만족하게 하며
　　　네 뼈를 견고하게 하리니
　　　너는 물 댄 동산 같겠고
　　　물이 끊어지지 아니하는 샘 같을 것이라

> 네게서 날 자들이 오래 황폐된 곳들을 다시 세울 것이며
> 너는 역대의 파괴된 기초를 쌓으리니
> 너를 일컬어 무너진 데를 보수하는 자라 할 것이며
> 길을 수축하여 거할 곳이 되게 하는 자라 하리라
> (사 58:10-12)

이렇듯 하나님의 관심은 억압받는 자, 눌린 자, 가난한 자들에게 뜨겁게 흐르고 있다.

특별한 당부

율법을 주실 때 하나님의 특별한 당부가 있었다. 이런 당부들을 살펴보면 하나님의 마음과 관심이 어디에 흐르고 있느가를 알 수 있다.

> 너는 네 이웃을 **억압하지 말며** 착취하지 말며
> **품꾼의 삯**을 아침까지 밤새도록 네게 두지 말며
> (레 19:13)

> 너는 이방 **나그네를 압제하지 말며**
> 그들을 **학대하지 말라**
> 너희도 애굽 땅에서 나그네였음이라
> (출 22:21)

> 너는 **과부나 고아를 해롭게 하지 말라**
> (출 22:22)

> 너와 네 자녀와 **노비**와 네 성중에 있는 레위인과 및
> 너희 중에 있는 **객**과 **고아**와 과부가 **함께**
> 네 하나님 여호와께서 자기의 이름을 두시려고 택하신 곳
> 에서 네 하나님 여호와 앞에서 즐거워할지니라
> (신 16:11)

많은 자녀를 낳아 길러 출가시킨 부모의 관심은 어느 자녀에게 더 흐를까? 잘 사는 자녀일까? 아니면 못사는 자녀일까? 건강한 자녀일까? 아니면 병든 자녀일까? 부유하게 사는 자녀일까? 아니면 가난하게 사는 자녀일까?

나의 어머니는 육 남매를 낳아 기르셨다. 나의 어머니의 마음을 사로잡고 있는 자녀는 건강한 자녀가 아니라 병든 자녀였다. 부유하게 사는 자녀가 아니라 가난하게 사는 자녀였다. 이것이 우리에게 무엇을 보여주고 있는가? 바로 하나님의 마음을 보여주고 있다.

하나님은 왕들과 신하들 그리고 주인과 상전들 뿐 아니라 억눌린 자, 병든 자들을 똑같이 사랑하신다. 그러나 그분의 관심은 억눌린 자, 병든 자들에게 더 많이 흐르고 있다. 이것이 하나님의 마음이다.

대부분의 성도는 사회적으로 지위가 낮고 신앙 생활하면서도 헌금을 많이 드리지 못하면 하나님도 자신을 무시할 거라고 오해한다.

자녀를 길러 출가시킨 부모의 마음은 어떠한가? 명절에 부모에게 찾아온 많은 자녀 중에 가장 힘들고 어렵게 사는 딸이나 아들에게 부모의 마음은 흐른다. 잘 사는 자녀들이 주고 간 용돈을 다 모으고 자신의 돈까지 합쳐서 가장 힘들게 살고 병든 자식에게 준다. 이것이 부모의 마음이라면 하나님은 얼마나 더하겠는가?

이 글을 쓰면서도 내 눈에는 눈물이 고인다. 측량할 수 없는 하나님의 마음이 느껴지기 때문이다. 나도 모르는 사이에 내 입에서 흘러나오는 노래다.

허무한 시절 지날 때 깊은 한 숨 내쉴 때
그런 풍경 보시며 탄식하는 분 있네
고아같이 너희를 버려두지 않으리
내가 너희와 영원히 함께 하리라.

억눌린 자 갇힌 자 자유함이 없는 자
피난처가 되시는 성령님이 계시네
주의 영이 계신 곳에 참 자유가 있다네
진리의 영이신 성령이 오셨네

기도의 양이 차기 까지

chapter 8
서러운 자를 민족의 등불로…

네가 구하는 것보다 난 더 큰 것을 준비하고 있단다.
기도의 양이 다 차기까지 난 너를 기다리고 있었단다!
그릇을 빚고 있었단다!

   한나는 때가 되어 엘가나라는 남자를 만나 결혼했다. 엘가나는 자신이 사랑한 한나를 닮은 딸을 낳았으면 하고 한나는 자신이 사랑하는 엘가나를 닮은 아들을 낳았으면 했을 것이다. 한 해, 두 해, 여러 해가 순식간에 지나갔다. 아무리 기다려도 한나의 태의 문은 열리지 않았다.
   할 수 없이 엘가나는 브닌나라는 다른 여자를 아내로 맞아들였다. 이런 상황에서 한나가 받은 상처는 얼마나 컸을까? 찢어지는 마음을 어떻게 달래며 살았을까?
   그런데 브닌나는 바로 자식을 낳는다. 자식이 없는 한나는 이제 우선순위에서 밀려나고 만다.

> 그에게 두 아내가 있었으니
> 한 사람의 이름은 **한나**요
> 한 사람의 이름은 **브닌나**라
> **브닌나**에게는 **자식이 있고**
> **한나**에게는 **자식이 없었더라**
> (삼상 1:2)

두 아내 이름을 기록할 때 한나를 먼저 기록하고 그 후에 브닌나가 기록된다. 그런데 브닌나가 자식을 낳은 뒤에는 우선순위가 바뀐다. 자식을 낳은 브닌나를 먼저 기록하고 자식이 없는 한나를 그 후에 기록한다. 이 얼마나 서러운 일인가?

이스라엘에서는 여자가 남편에게 씨를 받지 못하면 그 남편의 아내로 인정받지 못한다. 부부 사이에 아무리 금실이 좋고 관계가 좋아도 자녀가 없으면 부부로 인정되지 않는다. 이것은 여인의 후손을 맞이해야 하는 사명을 받은 이스라엘 여인들에게 있어서 매우 중요한 문제였다. 율법에 의하면 한 여인이 장남에게 들어가 씨를 받지 못한 상황에서 그 장남이 죽으면 그 여인은 차남에게로 들어간다. 차남에게서 씨를 받지 못한 상황에서 차남이 죽으면 삼남에게로 들어가야 한다. 다행스럽게 삼남에게 씨를 받으면 그 여인은 삼남의 아내가 되는 것이다.

한국에서는 혼인신고로 남편과 아내가 부부로 인정을 받게 되는데 이스라엘은 자녀가 있어야 부부로 인정되기 때문에 자식이 태어난 뒤로는 자연스럽게 순위가 바뀌게 된 것이다. 자신이 사랑한 남편에게 아내로 인정받지 못한 여인이 겪는 아픔을 누가 알 수 있을까? 한나의 고통은 여기서 끝나는 것이 아니었다.

이스라엘 사람들은 자녀를 갖지 못한 여인을 저주받은 자로 취급했다. 그는 가정에서도 머리 둘 곳이 없고, 동네에서도 머리 둘 곳이 없었다. 그의 피난처는 오직 하나님 뿐이었다. 그래서 한나는 기도에 젖어 살게 된다.

자식을 낳으므로 엘가나의 본처 자리에 앉은 브닌나는 자녀를 낳지 못함으로 본처 자리에서 밀려난 한나를 그냥 놓아두지 않았다.

> ...그의 **적수**인 **브닌나**가 그를 **심히 격분**하게 하여 **괴롭게 하더라**
> (삼상 1:6하)

브닌나가 한나를 얼마나 괴롭혔던지 성경은 '적수'라고 표현하고 있다. 그리고 '심히 격분하게 하여 그를 괴롭혔다'고 증언하고 있다. 이런 일들이 하루 이틀로 끝난 일이었겠는가? 브닌나는 마치 한나를 괴롭히기 위해 역사적 사명을 띠고 태어나 죽도록 충성하는 사단의 사자 같았을 것이다. 한나의 고통스러운 모습을 성경은 어떻게 표현하고 있는지 살펴보자.

> ...브닌나가 그를 격분시키므로 그가 **울고 먹지 아니하니**
> (삼상 1:7하)

> ...한나여 어찌하여 **울며** 어찌하여 **먹지 아니하며** 어찌하여 그대의 **마음이 슬프냐**...
> (삼상 1:8중)

> 한나가 **마음이 괴로워서** 여호와께 기도하고 **통곡하며**
> (삼상 1:10)

> ...여호와여 만일 주의 여종의 **고통**을 돌보시고...
> (삼상 1:11중)

> ...나는 마음이 **슬픈 여자**라...
> (삼상 1:15중)

> ...내가 지금까지 말한 것은 나의 **원통함**과 **격분됨**이 많기 때문이니이다...
> (삼상 1:16하)

한나는 격분함과 원통함 때문에 마음이 슬펐고 눈물이 양식이 되었고 입맛이 뚝뚝 떨어졌다. 무엇 때문일까? 그리고 누구 때문일까? 사람들은 모든 것이 다 브닌나 때문일 것이라고 말한다. 한나를 힘들게 하는 자 중에 브닌나도 분명히 포함될 수는 있을 것이다. 그러나 한나를 정말 힘들게 하는 또 다른 분이 계신다. 그가 누구인가?

한나를 가장 힘들게 하는 자가 누구인가를 성경은 정직하게 밝히고 있다. 한나의 원통함은 자식을 낳지 못함에서 비롯된다. 한나가 임신하지 못한 원인이 어디에 있었는가? 브닌나가 자식을 낳으므로 엘가나가 불임 남성이 아니었음을 알 수 있다. 그렇다면 한나가 불임 환자인가? 대부분의 사람은 한나가 불임 환자인 줄 알고 있으나 성경은 불임 환자가 아니라고 분명히 밝히고 있다. 그렇다면 한나가 자식을 낳지 못한 이유가 어디에 있었는가? 성경은 그 이유를 정직하게 알려주고 있다.

> 한나에게는 갑절을 주니 이는 그를 사랑함이라 그러나
> **여호와께서 그에게 임신하지 못하게 하시니**
> (삼상 1:5)

> **여호와께서 그에게 임신하지 못하게 하시므로** 그의 적수인 브닌나가 그를 심히 격분하게 하여 괴롭게 하더라
> (삼상 1:6)

한나가 자식을 낳지 못한 원인이 어디에 있었는가? 누구에게 있었는가? 누가 임신하지 못하게 막고 있었는가? 그렇다면 한나를 가장 힘들게 하는 분이 누구인가? 바로 하나님이셨다.

아들을 달라고 애타게 애원했는데 하나님이 못 들으셨을까? 아들을 달라고 통곡하는 한나의 절규 앞에 하나님은 귀를 막고 계셨을까? 이 얼마나 어처구니없는 일인가?

자식을 달라고 기도하는 한나의 기도를 들으신 하나님이 자식을 낳지 못하도록 태의 문을 막고 계실 수 있을까? 참

서러운 자를 민족의 등불로… 175

으로 이해되지 않는 일이다. 한나를 가장 힘들게 하는 분은 다름 아닌 하나님이셨다.

전환점

이런 한나에게 절망이 희망으로, 슬픔이 기쁨으로, 근심이 확신으로 바뀌는 전환점이 찾아온다.

당시에 엘리 제사장이 여호와의 전 문설주 곁 의자에 앉아 있었다. 한나가 마음이 괴로워서 통곡하며 기도하고 있었다. 한나가 여호와 앞에 오래 기도하는 동안에 엘리가 그의 입을 주목한 즉 한나가 속으로 말하매 입술만 움직이고 음성은 들리지 않았다. 엘리는 그가 취한 줄로 생각하고 "네가 언제까지 취하여 있겠느냐 포도주를 끊으라"고 했을 때 한나는 다음과 같이 대답했다.

> 한나가 대답하여 이르되 내 주여 그렇지 아니하니이다
> 나는 마음이 슬픈 여자라
> 포도주나 독주를 마신 것이 아니요
> 여호와 앞에 **내 심정을 통한 것뿐이오니**
> (삼상 1:15)

심정을 통했다는 말이 무슨 의미일까? 하나님의 심정과 한나의 심정에 소통이 이루어졌다는 의미이다. 하나님도 한나의 심정을 알게 되고 한나도 하나님의 심정을 알게 되었

다는 말이다.

한나는 아들이 없어서 가슴이 아팠고, 하나님은 이스라엘 민족을 반듯하게 이끌어 갈 지도자가 없어서 가슴 아파하고 계셨다. 이 마음을 서로 알게 된 것이다.

이뿐 아니라 한나는 더 깊은 하나님의 마음을 알게 된다. 왜 임신하지 못하게 태의 문을 막고 계셨는지를 알게 된다.

하나님은 한나에게 자신의 심정을 보여 준다.

"한나야, 나는 네가 수십 년 동안 한결같이 아들을 달라고 하는 기도를 듣고 있었단다. 그런데 빨리 주지 않은 이유가 있단다. 나는 많이 심는 자에게 많이 주며, 적게 심는 자에게 적게 줄 수밖에 없단다. 네가 구하는 아들의 사이즈보다 내가 너의 기도응답으로 준비한 아들의 사이즈가 너무 컸단다. 바로 이 민족을 반듯하게 이끌어 갈 민족의 등불이고 민족의 방패가 될 아들을 준비했기 때문에 너의 더 많은 기도의 양이 필요했단다. 너의 기도의 양이 다 차기까지 나는 너의 태의 문을 막고 있었단다."

하나님의 마음을 한나가 알게 되었을 때의 기분을 이해하겠는가? 한나의 정서가 완전히 바뀌게 되는 결정적 계기가 바로 하나님과 심정을 통할 때였다. 하나님과 심정을 통하고 난 한나는 더 이상 슬프거나, 괴롭거나, 원통한 눈물의 여자가 아니었다. 하나님과 심정을 통하고 난 한나를 성경은 이렇게 밝힌다.

> ...얼굴에 **다시는 근심 빛이 없더라**
> (삼상 1:18하)

놀라운 응답

하나님의 심정을 한나에게 보여준 대로 기도 응답의 열매는 찬란하게 나타났다. 응답으로 태어난 사무엘은 어린 시절부터 하나님과 사람 앞에 은총과 귀중히 여김을 받게 된다. 바로 천심과 민심이 그에게 쏟아지고 있었다. 어린 시절부터 그의 말 한 마디도 땅에 떨어지지 않았다. 빈말이나, 헛말이 없었고, 아로새긴 은쟁반에 금사과와 같은 말들 뿐이었다. 그의 말에는 이해할 수 없는 기운이 실려 있었고 탁월한 카리스마가 흐르고 있었다. 이것이 한나의 기도의 양과 관계가 있는 것일까? 없는 것일까?

> 아이 사무엘이 점점 자라매
> **여호와와 사람들에게 은총을 더욱 받더라**
> (삼상 2:26)

> 사무엘이 자라매
> 여호와께서 그와 함께 계셔서
> **그의 말이 하나도 땅에 떨어지지 않게 하시니**
> (삼상 3:19)

이에 블레셋 사람들이 굴복하여

> 다시는 이스라엘 지역 안에 들어오지 못하였으며
> **여호와의 손이**
> **사무엘이 사는 날 동안에 블레셋 사람을 막으시매**
> (삼상 7:13)

한 걸음 더 나아가 사무엘은 블레셋 군대의 힘보다 더 강했다. 그러므로 사무엘이 사는 날 동안 여호와께서 블레셋을 막으시며 감히 이스라엘에 블레셋이 쳐들어오지 못하게 된 것이다(삼상 7:13). 이렇게 놀랍고 찬란한 기도 응답을 위해 하나님은 한나의 태의 문을 막고 계셨다. 하나님의 깊고 오묘한 마음 앞에 머리가 절로 숙여진다.

아무리 기도해도 응답이 없는 기간은 한나 입장에서도 힘든 시간이었다. 그렇다면 태의 문을 막고 계시는 하나님 입장에서 그 마음은 어떠했을까? 한나의 마음보다 더 괴롭고 아프지 않았을까? 그럼에도 불구하고 한나와 사무엘 그리고 그 민족을 생각하면서 견디어 내셨을 것이다. 한나의 역사적 사건을 통해서 또 다른 하나님의 깊은 마음을 알게 된다.

신학을 공부하던 시절, 은혜를 사모하는 마음으로 많은 부흥회에 참석했었다. 때로는 강사님들이 '기도의 양을 채우십시오. 기도의 양을 채우십시오'라고 외쳤다. 집에 돌아와 창세기부터 요한계시록까지 기도의 양을 채우라는 말이 있는지 찾아보았다. 아무리 찾아도 찾지 못했다. 이후로 나는 '성경에도 없는 말을 왜 저렇게 하시는 거야!' 라고 생각했었다. 한나의 역사적 사건을 통해서야 기도의 양을 채우는 것이 얼마나 중요한지 알게 되었다.

나는 어린 시절이나 청소년 시절, 그리고 전도사로 교회를 섬길 때까지 기도 응답에 대한 확신이 많지 않았다. 왜냐하면 나의 어머님 때문이었다.

아버지는 돌아가신 본 부인에게서 5남매를 낳았다. 어머니는 그런 줄도 모르고 총각인 줄 알고 시집을 오셨는데 자식이 다섯이나 딸린 홀아비였다. 살길이 막막한 집에 시집오신 어머니는 탁월한 성실과 근면함으로 가정을 경제적으로 일으켜 세우셨다. 본처가 낳은 5남매도 남부럽지 않게 출가시키셨다. 그리고 어머니 나이 마흔둘에 아버지가 돌아가셨다. 어머니가 시집오셔서 낳은 자녀 여섯을 두고 아버지는 지병으로 돌아가신 것이다.

아버지가 돌아가신 후 본처가 낳은 아들들은 어머니를 쫓아내려고 사흘 건너 한 번씩 우리 집에 쳐들어와 행패를 부렸다. 재산을 차지하기 위해서였다. 아버지가 돌아가신 후 우리 집은 칠흑같이 어두워 미래가 보이지 않았고, 눈물의 골짜기였다. 금방 꺼져버릴 것 같은 풍전등화였다.

그런 상황에서 김순금 집사님의 전도를 받아 어머니는 지푸라기라도 잡는 심정으로 교회에 나갔다. 집에서 교회까지는 8km 가량 되었다. 부지런히 걸어가면 한 시간쯤 걸리는 거리다. 동네 다섯 개를 지나 농로 2km, 산길 2km, 원 뚝 2km, 비포장도 2km를 가면 바닷가에 예쁜 교회당이 있었다.

어머니는 그 교회당에서 하나님을 만났다. 교회를 다니는 순간부터 비가 오나 눈이 오나 새벽기도회를 거른 적이 없었다. 아무리 바쁜 농번기에도 새벽기도는 빠지지 않았다. 나중에는 매일 철야 기도하신 후 새벽예배 마치고 집으로 돌아오시곤 하셨다.

광주에서 학교에 다니다가 학비가 필요하여 시골에 내려오면 어머니는 기도하지 않는 집사님 댁에서 돈을 빌려다가 주시곤 하셨다. 그때 나는 늘 이런 생각을 하곤 했었다.

'새벽마다 기도하는 어머니는 왜 꼭 기도도 하지 않는 집사님에게 돈을 빌리러 갈까?'

'기도하지 않는 집사님은 돈이 있는데 기도하는 집사 우리 어머니는 왜 돈이 없을까?'

그러던 중 중학교 2학년 때 건강검진 차 보건소에서 나온 의사선생님들에 의해 내가 심각한 중병이 들었고 학생들과 함께 공부하면 안 된다는 통보를 받게 되었다. 퇴학을 당한 나는 검정고시를 통해 진학의 길을 열어갔다. 청소년 시절에 나는 늘 이런 생각을 했었다.

'우리 어머니는 기도밖에 모르는 분이고, 어머니의 집중적인 기도는 나를 위한 기도라고 했는데 왜 나는 병이 든 것일까? 기도하지 않는 분들의 자녀들은 건강하게 학교에도

잘 다니는데 왜 나는 이럴까?'

나는 기도는 응답받으려고 하는 것이 아니라 한풀이인 줄 알았다. 어머니는 새벽기도, 철야기도 뿐 아니라 한여름 농한기 철이 되면 무등산 제일기도원으로, 오산리 금식기도원으로 가서 두 주씩 기도하고 내려오곤 하셨다.

하루는 어머니가 새벽기도도, 철야기도도 가지 않으셨다.

"엄마, 왜 철야 기도하러 교회 가지 않으세요?"

"나 이제 집에서 기도하기로 했다."

힘없이 대답하신 어머니는 방으로 들어가셨다. 그리고 통곡하며 부르짖기 시작하셨다.

"하나님, 이점님 집사 기도해도 별것도 없다고 안하요. 내가 봐도 그러요. 내가 봐도 그러요."

"하나님, 누가 나를 보면 기도하겠소. 내가 기도해야 될 사람들 기도도 못 하게 교회 문을 내가 잠그고 있는 것 같소. 이제 남 부끄러워서 기도도 못하겠소."

수십 년 동안 기도밖에 모르던 어머니는 아들인 내가 봐도 기도발이 보이지 않았는데, 교인들도 나와 같은 생각을 했었고, 그런 말들을 서로 나눈 이야기가 어머니 귀에 들어간 것이었다.

일주일 동안은 집에서 통곡하시다가 다시 기도하기 위해 교회로 가셨다.

"엄마, 이제는 왜 교회 가세요?"

"아야, 집에서는 기도가 안 되는구나!"

나는 여기서 한 가지 깨달았다.

'아하, 아무리 큰 상처도 일주일만 지나면 자연치유가 되는구나!'

나의 어머니는 가끔 이런 이야기를 하셨다.

"다른 사람들은 산을 오르면 내리막길이 있다는데 나는 아닌 것 같아. 나는 산을 오르면 오를수록 더 높은 산이 펼쳐질 뿐이거든...."

어머니가 기도하셨던 것만큼 어머니는 기도 응답을 보지 못하시고 낙원으로 이민 가셨다. 그런데 지금에 와서 내가 절절히 느끼는 것이 있다.

오늘날 나에게 베푸신 은혜가 꼭 한나의 기도를 통해 천심과 민심이 사무엘에게 쏟아지듯이 나에게도 동일하게 쏟아지고 있음을 본다. 한나의 기도를 통해 사무엘의 말 한 마디가 땅에 떨어시지 않았듯이 나에게도 그와 동일한 은혜가 임하고 있음을 본다. 나의 어머님의 기도 속에 오늘의 나와 나를 통해 이루신 모든 사역이 있었음을 부인할 수 없다. 나의 실력이나 능력으로 내가 지금 감당하고 있는 사역들을 할 만한 그릇이 못 된다는 것을 내가 가장 잘 알고 있기 때문이다.

한나의 역사적 사건을 통해서 나는 하나님의 오묘하고 놀라운 마음을 들여다볼 수 있었다. 한나의 태를 막고 계셨던 하나님은 나의 어머니의 기도도 듣지 않으시는 것만 같았다. 아무리 부르짖어도 허공을 치는 것처럼 응답이 없는 것이다. 하나님은 그렇게 응답을 지연시키시면서 기도의 양을 채우게 하셨다. 그 기도의 양이 찼을 때, 연출가이신 하나님은 나를 통해 놀라운 응답을 펼쳐 보이셨다.

하나님은 가련한 여인, 한나를 통해서 위대한 지도자 사무엘을 세워가셨다. 어려운 환경 속에서 남편 잃은 한 가련한 여인, 나의 어머니를 통해서 오늘의 나를 만들고 계셨다.

나의 어머니 같으신 분들을 교회에서 흔히 볼 수 있다. 항상 눈에 이슬이 맺혀 있고 기도하는 시간에 눈물, 콧물 흘리며 기도해도 생활이 풀리지 않는 사람들을 볼 때마다 미래에 내가 보인다.

'아하, 저 여인을 통해 하나님은 놀라운 역사를 이끌어 갈 그릇을 빚고 계시구나!'

이런 생각이 내 마음에서 떠나지 않는다.

어떤 집사님이 내게 하시는 말씀이다.

"목사님, 예수 처음 믿을 때는 기도 응답도 빠르더니만 요즈음은 하나님이 내 기도 안 들으시려고 작정하시는 것 같아요."

"응답의 사이즈가 커서 그럴 거예요."

어떤 권사님이 또 나에게 하시는 말씀이다.

"목사님, 내 기도는 포탄 같아요. 하늘로 올라가다가 폭파되어버리는 것 같아요."

"기도의 양을 채우세요. 응답이 지연되면 될수록 응답의 사이즈가 크거든요."

하나님의 마음을 알면 알수록 가슴에서 뭉클하게 무언가 올라오는 것이 있다. 그리고 내 영혼의 깊은 곳에서 노랫가락이 울려 퍼진다.

나의 기도하는 것보다 더욱 응답하실 하나님
나의 생각하는 것보다 더욱 이루시는 하나님
우리 가운데 역사하신 능력대로 우리들의
간구함을 넘치도록 능히 하실 주님께
모든 영광과 존귀 찬양과 경배를 올릴지어다

하나님은 우리의 기도에 반드시 응답하신다. 응답이 늦으면 늦을수록 응답의 질과 양이 많다. 이런 하나님의 신실하심 때문에 내 영혼의 깊은 곳에서 또 하나의 찬양이 울려 퍼진다.

오 신실하신 주 내 아버지여
늘 함께 계시니 두렴없네
그 사랑 변찮고 날 지키시며
어제나 오늘이 한결같네

외롭고 쓸쓸한 광야에 임한 복음

chapter 9
버림받은 자를 왕으로…

"양들아,
너희들이 배고플 때면 내가 너희를 인도하는데…
내가 배고프고 외로울 땐 누가 나를 인도해 주지…?"
"내가! 내가! 내가!"
"누구세요?"
"나는 너의 진짜 아버지란다!
내가 너의 목자란다"

 다윗을 생각할 때마다 가장 먼저 떠오르는 것이 무엇일까? 이스라엘을 괴롭히는 블레셋의 용장 골리앗을 돌 다섯 개와 물매로 쓰러뜨린 용맹한 이미지가 떠오를 것이다. 인생을 화려하게 등장하여 적장을 쓰러뜨리고 장군이 되고 나중에 왕이 된 승승장구한 인물로 다윗을 생각한다.

 어떤 설교자들은 "여러분! 우리도 다윗처럼 삽시다"라고 외치기도 한다. 그러나 다윗의 어두운 면을 살펴보면 하나님의 은혜가 아니면 도저히 회복될 수 없는 존재임이 드러난다. 성경은 다윗을 드러내고 있지 않다. 오직 다윗을 다윗되게 하시는 하나님을 드러내고 있다. 성경은 다윗을 보여주는 말씀이 아니라 하나님을 보여주는 말씀이기 때문이다.

 다윗의 역사적 사건을 상세하게 기록한 이유는 다윗을 구원하시고, 치유하시고, 멋지게 세워가시는 하나님을 보여 줌으로 오늘을 사는 우리 모두를 다루시는 하나님을 경험하게 하는 데 있다.

성경을 읽는 모든 독자는 다윗의 역사적 사건을 통해서 하나님을 보는 눈이 있어야 한다. 다윗을 길러 가시는 모습을 보면서 오늘을 사는 나를 길러 가시는 하나님을 보는 눈이 있어야 한다.

부모에게 버림 받은 다윗

> 내 부모는 나를 버렸으나 여호와는 나를 영접하시리이다
> (시 27:10)

다윗은 자신의 시를 통해 자신의 가장 아픈 상처를 드러내고 있다.

"나는 부모에게 버림받은 자입니다. 그러나 하나님은 나를 영접해 주셨습니다."

다윗은 왜 버림을 받았을까? 그리고 언제 버림을 받았을까? 그리고 언제 하나님이 영접해 주셨을까? 다윗의 시를 추적해 가면서 살펴보자.

출생의 아픔

> 내가 죄악 중에서 출생하였음이여
> 어머니가 죄 중에서 나를 잉태하였나이다
> (시 51:5)

다윗은 자신이 죄악 중에서 출생하였다고 고백한다. 그는 거듭하여 어머니가 자신을 죄 중에서 잉태하였다고 자백한다. 성경을 해석하는 대부분의 사람은 이 구절을 읽을 때 다윗은 원죄 속에서 태어났고 그 원죄 중에 어머니가 잉태했다고 쉽게 받아들이고 만다. 그러나 이렇게 받아들이기에는 석연치 않은 면이 있다. 다윗이 원죄 속에서 태어남을 드러내기 위해 자신을 지칭하는 1인칭을 사용할 수 있겠느냐는 점이다. 그리고 자신을 직접 언급하면서 자신의 출생을 남다르게 표현하는 데는 자신의 고민과 아픔을 드러내고 싶은 것이 아니겠느냐는 생각이 떠나지 않는다.

한 걸음 더 나아가 시편 51편은 자신이 불륜의 죄를 저지른 후에 나단 선지자의 책망을 듣고 참회하는 시이다. 그렇다면 이 구절은 자신의 불륜이 부모의 불륜으로부터 이어져 왔다는 쓰라린 사실을 표현하는 게 아닐까? 이 구절은 원죄의 교리를 보여주는 표현이라기보다 불륜의 죄를 자백하는 측면에서 사실적 표현으로 받아들이는 게 더 적합하다고 본다. 다윗은 자신의 출생이 합법적인 아버지와 어머니 사이에서 태어난 것이 아니라 비정상적인 관계 속에서 태어났음을 고백하고 있다. 이런 비하인드 스토리를 생각하면서 이 구절을 읽어보면 매우 자연스럽게 이해될 것이다. "내가 죄악 중에서 출생하였습니다. 어머니가 죄 중에서 나를 잉태하셨습니다."

쓰라린 자아의식

아버지와 어머니의 불륜 가운데 태어난 다윗은 어린 시절부터 어떤 자아의식으로 세상을 살았을까?

다윗의 아버지와 어머니는 다윗이 태어나는 것을 원하지 않았다. 원하지 않는 자식이 태어난 것이다. 오히려 다윗이 태어남으로 아버지와 어머니의 비정상적 관계의 죄가 드러나게 되었다.

다윗은 가장 큰 보살핌과 사랑이 필요한 나이에 미움을 받으면서 자랐다. 이런 환경에서 자란 다윗의 자아의식은 결코 건강할 리 없다. 쓰라릴 수밖에 없다. 그 의식이 뭘까?

'나는 정말 이 세상에 태어나서는 안 될 아이였어!'

원하지 않았던 다윗이 태어난 뒤 아버지와 어머니 사이에 '누가 이 아이를 키울 것인가'에 대한 문제를 두고 갈등이 심해질 가능성이 크다.

"이 아이 당신이 키우세요."

"아니 저는 못 키워요. 당신이 키워야 해요."
이같은 갈등 속에서 다윗에게 형성된 자아의식이 뭘까?
'나는 정말 이 세상에 태어나서는 안 될 아이였어!'

어머니가 젖을 먹여 키운 후에 다윗이 걸음마를 시작했을 때 어머니는 아이를 데리고 몰래몰래 아버지를 만나 이렇게 말했다.
"이 아이는 당신 아이입니다. 제가 젖을 먹여 키울 만큼 키웠으니 이제부터는 당신이 책임지세요."
"아니, 이 아이를 내가 어떻게 키워요. 나의 본처에게 죽는 꼴 보려고 그래요? 당신이 키워야 해요."
아버지와 어머니는 다윗을 서로 키우지 못하겠다고 서로 맡기고, 도망가면 다시 뒤쫓아 가서 또 맡기고, 또 도망가는 것을 반복할 때 어린 다윗에게 무슨 의식이 형성되었을까?
'내 부모는 모두 다 나를 싫어해!'
'나는 부모에게 버림받은 아이야!'
'나는 정말 이 세상에 태어나서는 안 될 아이였어!'

결국 누가 키웠을까?

아버지가 다윗을 집으로 데리고 가서 키울 수 없었다. 만약 아버지가 집으로 데리고 들어간다면 가족들에게 불륜이 드러날 것이 뻔했기 때문이다.

어린 다윗은 어머니가 데리고 가서 숨겨서 키웠을 가능성이 크다. 이렇게 자라난 다윗에게는 아버지 부재의 상처가 크다. 다윗의 내면에는 고아의 영으로 가득했다. 나이가 들고 사회적인 지위가 높아져도 고아의 영의 상처가 그대로 있다. 이런 사람들을 '성인아이'라고 부른다.

어머니의 죽음

> 내가 몸을 굽히고
> **슬퍼하기를 어머니를 곡함 같이** 하였도다
> (시 35:14하)

다윗은 자신의 시에서 어머니를 곡함 같이 슬퍼했다고 자신의 감정을 표현하고 있다. 어머니의 죽음을 경험하지도 않고 곡해 본 적도 없는 사실을 표현할 수 없다. 만약 그랬다면 시인은 독자들을 속이는 일이기 때문이다. 이 시에서 우리는 다윗이 어머니의 죽음과 그가 크게 슬퍼했던 경험이 있었음을 발견할 수 있다.

다윗은 어린 시절에 어머니가 돌아가신 것 같다. 다윗에게 있어서 한 줄기의 그늘이 사라져 버린 것이다. 이런 상황에서 다윗을 낳아주신 어머니가 이제 남겨진 다윗을 그의 아버지에게 부탁한 것은 지극히 자연스러운 일이다.

꺼져가는 등불 같은 자신의 생명을 느낀 어머니는 다윗의 친부를 찾아 애원했을 것이 분명하다.

"이제 내가 병들어 죽게 되었어요. 이제부터 이 아이는 당신이 맡아 키워 주세요."

그 후 얼마 지나지 않아 어머니는 돌아가시고 말았다. 얼마나 슬펐을까? 그의 눈에는 하염없는 눈물이 흘러내리고 있었다.

아버지 집으로

아버지는 다윗을 데리고 집으로 들어갔다. 아버지 집에서 사는 다윗의 삶을 엿볼 수 있는 시가 있다.

> 내가 나의 형제에게는 **객**이 되고
> 나의 어머니의 자녀에게는 **낯선 사람**이 되었나이다
> (시 69:8)

아버지의 본처에게서 태어난 형제들에게 객처럼 취급을 받았다. 그리고 그들에게 자신은 낯선 사람이 되었다고 고백한다. 아버지를 따라 들어간 아버지 집은 안식처라기보다는 가시방석이었다. 아버지는 다윗 때문에 불륜 사실이 드러나게 되었다. 아버지가 다윗을 보는 시선이 정말 곱지 않았다. 새어머니에게도 다윗은 미운 오리 새끼였다. 형제들

은 어느 날 갑자기 동생이라고 나타난 다윗을 받아들이기 쉽지 않았다. 여기서 다윗이 받은 상처가 얼마나 컸을까?
'역시 나는 이 세상에 태어나서는 안 될 아이였어!'

바로 이런 분위기를 가장 잘 보여주는 부분이 있다. 왕을 예선하기 위해 사무엘이 다윗의 집을 찾아간다. 사무엘이 큰 아들 엘리압을 보고 '여호와의 기름 부으실 자가 과연 이 사람이구나!' 라고 생각하고 있는데 하나님이 말씀하신다.

> 그의 용모와 키를 보지 말라 내가 이미 그를 버렸노라
> 내가 보는 것은 사람과 같지 아니하니
> 사람은 외모를 보거니와 나 여호와는 중심을 보느니라
> (삼상 16:7중)

이에 둘째 아비나답도 지나가게 했는데 '아니라'고 하시고, 셋째 삼마도 지나가게 했더니 '아니라'고 하시고, 넷째도, 다섯째도, 여섯째도, 일곱째도.... 아들 일곱을 다 사무엘 앞으로 지나가게 해도 사무엘이 이새에게 "여호와께서 이들을 택하지 아니하셨다"고 말한다. 이 정도 되면 빨리 양을 치고 있는 여덟째 다윗을 데리고 와야 맞지 않는가? 일곱째 아들들이 다 지나갈 때까지 다윗을 데려올 생각을 하지 않고 있다. 가족들의 분위기가 이 정도 되면 다윗은 이 가정에서 아들로 인정받고 있지 못한 것이 분명했다. 사무엘이 이새에게 묻는다.

"네 아들들이 다 여기 있느냐?"

"네, 아직 막내가 남았는데 그는 빈들에서 양을 지키고 있습니다."

"사람을 보내어 그를 데려오라. 그가 여기 오기까지는 우리가 식사 자리에 앉지 아니하겠노라."

사무엘이 다윗을 데려오기 전까지 식사 자리에 앉지 않겠다고 배수진을 치면서 으름장을 놓는다.

이새의 속마음은 이런 생각을 하고 있었는지도 모른다.

'사무엘님, 그 아들은 아닙니다. 일곱 아들 중에서 뽑으세요. 막내는 아니라니까요.'

'사무엘님, 그 아이는 나의 범죄 속에서 태어났습니다. 불륜 가운데 태어난 아들이란 말입니다. 사실 태어나서는 안 될 아들이었다고요. 그런 아들이 왕감이라니요. 말도 안 됩니다.'

이것이 말 못하는 이새의 마음이었을 것이다.

사실 이새와 그의 가족들은 다윗을 아들로 인정하고 있지 않았음을 짐작하게 하는 장면이다. 다윗은 정말 버림받은 아이였다.

여호와는 나를 영접하시리니…

농경시대인 조선시대 말 농사를 지을 수 있는 전답 100%

는 3%의 지주들이 소유하고 있었다. 나머지 97%는 소작지기가 되거나 머슴살이를 하면서 살았다.

목축업이 주업인 이스라엘 상황도 우리와 다를 게 없었다. 3%의 주인들이 양 100%를 소유하고 있었다. 나머지 97%는 양을 맡아 길러 주고 품삯으로 연명하며 살았다.

다윗도 양을 치며 살았는데 다윗이 친 양들이 아버지 이새의 양인지, 아니면 위탁해서 기르고 품삯을 받는 양인지 성경이 침묵하고 있으므로 알 길이 없다. 하지만 정황을 보면 위탁받아서 양들을 치고 있음이 확실하다. 그 이유는 양 한 마리라도 잃지 않으려고 맹수와 싸우는 다윗을 보면 알 수 있다. 만약 이새의 양이라면 아버지 이새는 이렇게 말했을 것이다.

"양 한 마리 그냥 포기해라. 사자나 곰이 양을 약탈해 갈 때 가서 사자와 곰과 절대 싸우지 말고 그냥 놓아두어라. 양 찾으려다가 너 죽으면 안 된다."

그러나 다윗은 그렇지 않았다. 목숨 걸고 양을 찾아온다. 그 이유가 뭘까? 양 한 마리 잃으면 며칠 품삯이 날아가기 때문이다. 낮에는 더위를 무릅쓰고 밤에는 살인적인 추위를 당하면서도 다윗은 양들에게서 눈을 뗄 수 없었다. 푸른 초장, 쉴만한 물가로 양들을 인도하면서 자기 자신을 보면 너무 슬프고 불쌍해 보였다. 그때마다 털어놓은 푸념을 들어 보자!

"양들아, 너희들에게는 눈을 떼지 않는 내가 있는데 나는 누가 봐줄까?"

"양들아, 너희들이 목이 마를 때면 그 마른 목 축여주려고 내가 너희를 이끌고 쉴만한 물가로 가는데 내 영혼 목마를 때면 누가 나의 마른 목을 축여줄까?"

"양들아, 너희들이 배가 고플 때면 나는 너희들의 배를 채우기 위해 푸른 초장으로 가는데 내가 배고플 때 누가 나를 푸른 초장으로 인도해 줄까?"

"양들아, 너희들이 사망의 음침한 골짜기를 걸어갈 때 내가 너희를 지켜 주는데 나는 누가 지켜주지?"

한참 동안 푸념을 하면서 걷고 있는데, 그때마다 들리는 소리가 있었다.

"내가, 내가, 내가, 내가!"

"누구세요?"

"나는 너의 진짜 아버지란다. 내가 너의 목자란다."

그분은 바로 하나님이셨다. 선한 목자이신 진짜 하나님 아버지가 외롭고 쓸쓸한 빈들에 다윗을 찾아오신 것이다. 육신의 아버지는 자신을 아들로 인정해 주지 않았다. 그런데 하늘에 계신 아버지가 황량한 광야에 가장 외롭고 쓸쓸한 마음으로 슬픔에 젖어 있는 다윗에게 따뜻한 가슴으로 다가오신 것이다. 그 감격을 잊지 못한 다윗은 그때부터 양을 칠 때마다 이렇게 노래를 부른다.

여호와는 나의 목자시니 내게 부족함이 없으리로다
그가 나를 푸른 풀밭에 누이시며
쉴 만한 물 가로 인도하시는도다
내 영혼을 소생시키시고
자기 이름을 위하여 의의 길로 인도하시는도다
내가 사망의 음침한 골짜기로 다닐지라도
해를 두려워하지 않을 것은
주께서 나와 함께 하심이라
주의 지팡이와 막대기가 나를 안위하시나이다
주께서 내 원수의 목전에서 내게 상을 차려 주시고
기름을 내 머리에 부으셨으니 내 잔이 넘치나이다
내 평생에 선하심과 인자하심이 반드시 나를 따르리니
내가 여호와의 집에 영원히 살리로다
(시 23:1-6)

이 순간의 체험을 다윗은 이렇게 표현한다.

내 부모는 나를 버렸으나 **여호와는 나를 영접하시리이다**
(시 27:10)

하나님 아버지 안에서 그는 하나님의 아들이 된다. 그는 하나님의 자녀가 되는 권세를 얻는다. 먼지 덩어리가 하나님의 손에 의해 아담으로 빚어지듯이, 이제 다윗은 하나님 아버지 손 안에서 걸어다니는 행복한 궁전으로 세워진다. 복음을 누리는 하나님 나라 모델 하우스로 회복된 것이다.

그런즉 누구든지 그리스도 안에 있으면 **새로운 피조물이라**
이전 것은 지나갔으니 **보라 새 것이 되었도다**
(고후 5:17)

복음대로 새로운 피조물이 된 것이다. 확실한 변화다. 생명을 얻게 하고 더 풍성히 얻게 하는 존재로 살아가게 된다. 시편 23편은 '시'라기 보다 다윗이 누리는 복음의 감격이었고, 삶 그 자체였다.

하나님께서 다윗을 보았을 때의 마음을 사도행전은 이렇게 표현하고 있다.

> 이새의 아들 다윗을 만나니
> **내 마음에 맞는 사람이라** 내 뜻을 다 이루리라 하시더니
> (행 13:22하)

하나님의 마음에 맞는 것이 뭘까? 다윗을 예선하는 장면으로 돌아가서 자세히 살펴보자.

> 여호와께서 사무엘에게 이르시되
> 그의 용모와 키를 보지 말라 내가 이미 그를 버렸노라
> 내가 보는 것은 사람과 같지 아니하니
> 사람은 **외모**를 보거니와 나 여호와는 **중심**을 보느니라
> (삼상 16:7)

외모를 보지 않고 중심을 보신다고 큰소리치신 하나님이 무엇을 보셨는가?

> 이에 사람을 보내어 그를 데려오매
> 그의 빛이 **붉고** 눈이 **빼어나고** 얼굴이 **아름답더라**

> 여호와께서 이르시되
> 이가 그니 일어나 기름을 부으라 하시는지라
> (삼상 16:12)

한글성경으로만 이 부분을 읽을 때는 충격이었다. 외모를 보지 않고 중심을 보신다고 큰소리치신 하나님이 외모만 보고 계시지 않는가?

그런데 원문을 보니 "아름답더라"라는 단어에 놀라운 감동이 있었다. "토브(בוט/행복)"를 본 것이다. 신학적 표현으로 다윗 중심에 피어나는 하나님의 나라를 본 것이다.

얼굴빛이 붉고 눈이 빼어나고 얼굴이 아름다웠다는 표현은 내면에 임한 하나님의 나라가 얼굴과 눈빛을 통해 드러나고 있었다는 사실을 보여주는 표현이었다. 다시 말해 그의 내면에 있는 시편 23편이 그의 표정을 통해 드러나고 있었다.

놀라운 치유와 회복

하나님 아버지를 만났을 때 견고한 바위 같은 상처들이 빙하가 녹아내리듯 녹아내리기 시작했다. 육신의 아버지에게서는 전혀 느끼지 못한 가슴으로 다가와 뜨겁게 가슴에 안고 치유해 가셨다. 날마다 자신을 불행하게 했던 깊은 상처의 뿌리들이 뽑히기 시작했다.

하나님은 다윗에게 약속된 복음을 그대로 누리게 하셨다.

> 주 여호와의 영이 내게 내리셨으니
> 이는 여호와께서 내게 기름을 부으사
> 가난한 자에게 아름다운 소식을 전하게 하려 하심이라
> 나를 보내사 **마음이 상한 자를 고치며**
> 포로된 자에게 자유를, 갇힌 자에게 놓임을 선포하며
> 여호와의 은혜의 해와 우리 하나님의 보복의 날을
> 선포하여 **모든 슬픈 자를 위로하되**
> 무릇 시온에서 **슬퍼하는 자에게 화관을 주어**
> 그 재를 대신하며 **기쁨의 기름으로 그 슬픔을 대신하며**
> **찬송의 옷으로 그 근심을 대신하시고**
> 그들이 **의의 나무** 곧 여호와께서 심으신
> 그 **영광을 나타낼 자라 일컬음을 받게 하려 하심이라**
> (사 61:1-3)

시편 139편은 다윗이 행복체질로 바뀐 자신의 모습을 보여주고 있다.

'나는 아버지와 어머니의 불륜 가운데서 태어났이! 그래서 나는 이 세상에 절대로 태어나서는 안 될 사람이었어!'

부정적인 자아의식으로 어두운 인생을 살다가 빈들에서 하나님 아버지를 만난 후 회복된 자아의식을 다윗은 시편 139편을 통해 노래하고 있다. 그리고 회복된 감격스러운 자존감과 자긍심, 그리고 자부심을 노래하고 있다.

> **주께서** 내 내장을 지으시며
> 나의 **모태**에서 나를 만드셨나이다
> (시 139:13)

다윗을 가장 괴롭혔던 상처는 자신은 불륜 가운데 태어났고, 그래서 자신은 태어나서는 안 될 존재였다고 생각하는 것이었다. 그런데 하나님을 만난 다윗은 하나님 아버지 안에서 자신을 재발견하게 된다.

자신은 육신의 부모 불장난에 의해 태어난 것이 아니라, 하나님 아버지께서 친히 모태에서 지어주셨다는 사실을 발견하게 된다. 이 얼마나 놀라운 발견인가? 자신은 무가치한 존재가 아니라 가장 존귀한 존재라는 것을 깨닫게 된 것이다.

다윗은 자신이 우연히 태어난 존재도 아니라는 사실을 발견하게 된다.

> 내 형질이 이루어지기 전에 **주의 눈이 보셨으며**
> 나를 위하여 정한 날이 하루도 되기 전에
> **주의 책에 다 기록이 되었나이다**
> 하나님이여 주의 생각이 내게 어찌 그리 보배로우신지요
> 그 수가 어찌 그리 많은지요
> (시 139:16-17)

자신의 형질이 이루어지기 전에 이미 하나님이 자신을 보고 계셨고 자신의 정한 날이 하루도 되기 전에 그분이 자신을 다자인하셨다는 사실을 발견하게 된다. 다윗은 자신의 존재 속에 하나님의 사랑이 있었고, 놀라운 계획이 있었다는 사실을 발견하고 그 기쁨을 이렇게 시로 표현하고 있다.

"사실 너를 낳을 생각이 전혀 없었어! 피임을 했는데 피임

이 잘못되어 네가 태어난 거야! 너는 실수로 태어난 거야!"

이런 말들을 듣고 자란 사람들이 진짜 하나님 아버지를 만나면 다윗과 동일하게 고백하게 될 것이다. 이 땅에 우연히 태어난 존재는 없기 때문이다.

다윗은 육신의 아버지와 전혀 다른 하나님 아버지를 체험한다.

> 여호와여 주께서 나를 살펴보셨으므로 나를 아시나이다
> 주께서 내가 앉고 일어섬을 아시고
> 멀리서도 나의 생각을 밝히 아시오며
> 나의 모든 길과 내가 눕는 것을 살펴보셨으므로
> 나의 모든 행위를 익히 아시오니
> 여호와여 내 혀의 말을 알지 못하시는 것이
> 하나도 없으시니이다
> 주께서 나의 앞뒤를 둘러싸시고 내게 안수하셨나이다
> 이 지식이 내게 너무 기이하니
> 높아서 내가 능히 미치지 못하나이다
> 내가 주의 영을 떠나 어디로 가며
> 주의 앞에서 어디로 피하리이까
> 내가 하늘에 올라갈지라도 거기 계시며
> 스올에 내 자리를 펼지라도 거기 계시니이다
> 내가 새벽 날개를 치며 바다 끝에 가서 거주할지라도
> 거기서도 주의 손이 나를 인도하시며
> 주의 오른손이 나를 붙드시리이다
> (시 139:1-10)

육신의 아버지는 다윗을 부담스럽게 생각했었다. 그리고 자신에게 아무 관심도 주지 않았으며 주목하지도 않았다. 그런데 하나님 아버지는 자신에게 깊은 관심을 두고 계셨

고, 언제나 자신을 주목하고 계셨다. 어디에 있을까? 무엇을 하고 있을까? 그리고 무슨 생각을 하고 있을까? 하나님 아버지는 자신의 생각까지도 살피셨다. 하나님 아버지의 관심이 온통 자신에게 쏟아지고 있음을 발견하게 된 것이다.

이뿐 아니라 새벽 날개를 치며 바다 끝에 가서 거주할 지라도 곧 거기서도 아버지의 손이 자신을 인도하시며 자신을 붙들고 계심을 노래한다.

자녀에게 관심이 없는 아버지들이 가득한 세상에서 하나님 아버지는 세상의 아버지들과 전혀 다른 분이셨다. 이것이 아버지를 만난 다윗의 고백이며, 하나님 아버지를 만난 모든 이들의 고백이다.

어린 시절부터 버림받고 무시당하며 상처로 장아찌 된 다윗에게 다가오신 하나님 아버지는 그의 상처를 어루만지셨고, 낮은 자존감을 회복시키셨고, 자존감이 회복되니 자긍심, 자부심, 자신감이 회복되었다. 늘 자신을 주목하고 계시며 지키시고 보호하신 하나님 아버지 때문에 빈들에서도 행복했었고, 이스라엘 백성들과 왕 그리고 병사들이 벌벌 떠는 골리앗 앞에서도 자신감이 넘쳐났다. 하나님 아버지는 다윗으로 하여금 군인으로 나라를 구하게 하셨다. 그리고 버림받은 자를 일으켜 세워 메시아를 보내는 왕가를 이어가게 하셨다. 이것이 복음이다. 그리고 열방을 구원하고자 하시는 하나님의 마음이다.

다윗을 치유하시고 회복시켜 가시는 하나님 아버지의 손길을 보면서 나를 만지시는 하나님 아버지의 모습을 보게 된다. 나는 여섯 살 때 아버지가 돌아가셨다. 아버지가 자녀를 어떻게 기르는지 본 적이 없다. 아버지가 남편으로서 어머니를 어떻게 사랑하는지 본 적이 없다. 이것이 나에게 있어서 아버지 부재의 상처였다. 상처받은 다윗을 사랑하시고 치유해 가시는 하나님 아버지를 보면서 나를 길러 가시는 하나님 아버지의 모습을 보게 되었다. 이런 하나님의 마음을 묵상할 때마다 나는 언제나 감격한다. 나도 모르게 내 입에서 흘러나오는 노래가 있다.

내 아버지 나를 도우소서
나의 아버지 나를 도우소서
내 안에 모든 것 주를 갈망하니
내 속에 모든 것 주만 바라니이다.
내가 새벽 날개를 치며 바다 끝에 거할지라도
내가 하늘에 올라 올라 갈지라도
주는 거기 계시네
감싸 주시네

Story 3

01. 나는 누구일까?
02. 너는 내 아들이다.
03. 너는 내 보배야
04. 너는 내 몸이야
05. 너는 내 기쁨이야
06. 너는 나의 행복이야
07. 너는 나의 꿈이야
08. 너는 나의 종이야

The heart of God

STORY 3
복음으로 회복된 신분

chapter 1
나는 누구일까?

그런즉 누구든지 그리스도 안에 있으면
새로운 피조물이라
이전 것은 지나갔으니
보라 새 것이 되었도다.

불교에서는 끊임없이 '나'를 찾자고 한다. 그들은 이렇게 말한다. 보이는 '나'가 있고, 보고 있는 '나'가 있고, 보이는 나와 보고 있는 나를 관찰하는 '나'가 있다. 즉 바라봄을 당하는 '나', 보고 있는 '나', 바라봄을 당하는 나와 보고 있는 나를 지켜보고 있는 또 다른 '나'가 있다는 것이다.

일상에서 사람들은 스스로 느끼는 '나'가 있다. 그리고 다른 사람이 생각하는 '나'가 있다. 대부분의 사람들이 이 둘을 근거로 하여 자아상을 확립해 간다. 이렇게 형성된 자아상이 정확한 자아일까?

내가 생각하고 있는 '나'나, 다른 사람이 생각하는 '나'는 대부분 가문이나 출신을 근거하거나, 직업에 근거하거나, 재산에 근거하거나, 실력에 근거하거나, 성공에 근거하거나, 실패에 근거하는 경향이 대부분이다. 이렇게 형성된 자아상이 바른 자아상이라고 할 수 있을까?

이런 것들을 근거로 해서 자아상이 형성된다면 부유하면 부유한 자의 자아상을 가지고 살게 되고, 가난하면 빈자의 자아상을 가지고 세상을 살아가게 된다. 성공하면 성공자라는 자아상을 가지고 살고 실패하면 실패자의 자아상을 가지고 살게 될 것이다. 출신이나 가문이 좋지 않으면 그는 평생 긍정적인 자아상을 가지고 세상을 살아갈 수 없게 된다. 세상에 대부분의 사람은 이런 것을 근거한 자아상을 가지고 산다. 이 얼마나 어리석은 일인가?

사람에게 있어서 긍정적인 자아상이 매우 중요하다. 성경을 보면 하나님이 사람을 쓰실 때 자아상부터 바꾸는 것을 본다. 자아상이 건강하지 못하면 창조적인 역사를 만들어갈 수 없기 때문이다. 인간의 생산성과 창조성은 건강한 자아의식에서부터 나오기 때문이다.

기드온의 경우를 보자. 하나님이 기드온을 쓰시려고 부르실 때 무엇이라고 부르는가?

> 여호와의 사자가 기드온에게 나타나 이르되

> **큰 용사여** 여호와께서 너와 함께 계시도다 하매
> (삿 6:12)

큰 용사라고 한다. 이 말을 들은 기드온은 자신을 어떻게 생각하고 있는가?

> 그러나 기드온이 그에게 대답하되
> 오 주여 내가 무엇으로 이스라엘을 구원하리이까
> 보소서 나의 집은 므낫세 중에 **극히 약하고**
> 나는 내 아버지 집에서 **가장 작은 자**니이다 하니
> (삿 6:15)

이것이 바로 기드온이 생각하는 자신과 하나님께서 생각하는 기드온의 차이다. 하나님이 이것을 모르고 큰 용사라고 하셨겠는가? 아니다. 기드온을 사용하시려고 할 때 가장 먼저 바꾸어야 할 것이 기드온의 자아상이었기 때문이다. 건강하지 못한 자아상을 가지고 살면 행복하지도 못할 뿐 아니라 창조적인 일을 할 수 없으므로 기드온에게 나타나신 하나님은 가장 먼저 이 부분을 다루고 계시는 것이다.

예레미야의 경우도 그렇다. 예레미야의 낮은 자아상을 치료해 주시기 위해 하나님은 예레미야에게 무엇이라고 하시는가?

> 여호와의 말씀이 내게 임하니라 이르시되
> 내가 너를 모태에 짓기 전에 너를 알았고

> 네가 배에서 나오기 전에 너를 성별하였고
> **너를 여러 나라의 선지자로 세웠노라** 하시기로
> (렘 1:4-5)

여러 나라의 선지자라고 하신다. 이스라엘 백성의 선지자가 아니라 열방의 선지자라고 부르신다. 그런데 예레미야가 가지고 있는 자아상은 어떠했는가?

> 내가 이르되 슬프도소이다 주 여호와여
> 보소서 **나는 아이라 말할 줄을 알지 못하나이다** 하니
> (렘 1:6)

나는 아이라 말할 줄도 모른다고 한다. 이런 자아상을 가지고 있는 자를 하나님이 사용하실 수 있겠는가? 그래서 하나님은 무엇보다 가장 먼저 자아상을 회복시키고 계신 것이다.

'나는 태어나서는 안 될 존재였어!' 라는 자아의식을 가지고 어두운 가운데 슬픈 인생을 살던 소년이 빈들에서 하나님 아버지를 만났을 때 하나님은 그 내면의 상처를 어루만져 주셨다. 다윗의 부정적인 자아상을 건강한 자아상으로 회복시키셨다. 그때부터 다윗은 복음으로 회복된 자아상으로 살아간다. 놀랍게도 다윗은 임종을 앞둔 마지막 순간까지 복음으로 회복된 신분의식으로 살았던 것을 보게 된다.

> 이는 다윗의 마지막 말이라
> 이새의 아들 다윗이 말함이여 **높이 세워진 자**,

> **야곱의 하나님께로부터 기름 부음받은 자,
> 이스라엘의 노래 잘하는 자가 말하노라**
> (삼하 23:1)

　유언을 남기면서 하는 말인데 자기 자신을 표현할 때 '높이 세워진 자' 그리고 '하나님께로부터 기름 부음을 받은 자' 한 걸음 더 나아가 '노래 잘하는 자'라고 자신의 정체성을 말하고 있다.

　자기 자신이 똑똑하고 잘나서 높이 세워진 존재가 된 것이 아니라 하나님의 기름 부음으로 높이 세워진 자가 되었고 그 은혜를 노래하는 자, 즉 행복을 누리는 자가 되었노라고 표현한 것이다. 다윗은 숨이 멎는 순간까지 복음으로 회복된 신분의식으로 살았다는 것이다. 이 얼마나 좋은 모델인가?

　구약에서는 누구든지 기름 부음으로 신분이 바뀌었다. 아론이 기름 부음을 받으므로 그의 신분이 제사장이 되었다(출 40:11-13). 다윗이 기름 부음을 받으므로 그의 신분이 왕이 되었다(삼상 16:13, 삼하 2:4). 그러므로 이스라엘 백성들의 소망은 기름 부음을 받는 것이었다.

　그렇다면 신약시대에 기름 부음은 어떻게 이루어질까?

> 우리를 너희와 함께 그리스도 안에서 굳건하게 하시고
> **우리에게 기름을 부으신 이는 하나님이시니**
> 그가 또한 우리에게 인치시고

나는 누구일까? 213

> **보증으로 우리 마음에 성령을 주셨느니라**
> (고후 1:21-22)

우리에게 기름을 부으신 이는 하나님이시고 기름을 부으셨다는 보증으로 성령을 주셨다. 그러므로 성령으로 거듭나고, 성령으로 예수 그리스도와 하나 된 자는 하나님이 친히 기름을 부은 자들이다.

기름 부음을 받기 전, 복음으로 회복되기 전의 신분에 대해 성경은 어떻게 표현하고 있는가?

> 다른 이들과 같이 **본질상 진노의 자녀**이었더니
> (엡 2:3하)

복음으로 회복된 신분 상승에 대해 성경은 어떻게 표현하고 있는가?

> 긍휼이 풍성하신 하나님이
> 우리를 사랑하신 그 큰 사랑을 인하여
> 허물로 죽은 우리를 그리스도와 **함께 살리셨고**
> 또 **함께 일으키사**
> 그리스도 예수 안에서 **함께 하늘에 앉히시니**
> (엡 2:4-6)

우리를 구원하신 동기는 긍휼히 풍성하신 하나님의 큰 사랑이었다. 구원하는 방법은 예수 그리스도께서 십자가 구속사역을 통해 함께 살리셨고, 함께 일으키셨고, 함께 하늘

에 앉히셨다는 것이다.

이 구절을 처음 읽을 때 흔히 이렇게 말할 수 있다.

'아니, 지금 우리는 땅에 있는데 하늘에 앉혔다니 이게 무슨 말인가?'

이 표현은 신분과 소속개념으로 하나님의 가족이 되어 신분이 상상을 초월할 정도로 상승하였음을 표현한 말이다. 하나님은 그리스도 안에 있는 자들을 새로운 신분으로 회복시키셨다. 그 신분은 상상을 초월할 정도로 존귀하다.

하나님은 복음으로 회복된 신분으로 살기를 원하신다. 그 신분을 만끽하기를 원하신다. 그 신분을 100% 누리며 살기를 원하신다.

복음으로 회복된 신분이 바로 그리스도 안에 있는 자들의 정체이며, 회복된 신분의식을 갖고 사는 것을 정체성이라고 한다. 그러므로 복음의 정체성을 갖고 사는 것이 신자에게 있어서 매우 중요하다.

정체성(正體性)이란? 세월이 흘러도 환경이 변해도 사정이 달라져도 자기가 어떤 존재인지를 놓치지 않고 살아가는 자아의식이다. 우리가 흔히 쓰는 말 중에 이런 말이 있다.

"도대체 너의 정체(正體)가 뭐냐?" 혹은 "정체가 탄로 났다." 바로 '정체'가 무엇인지를 깨닫고 느끼고 사는 것을 '정체성'이라고 한다.

사람에게 있어서 정체성이 중요한 이유는 정체성에 따라 태도와 자세가 달라지며, 태도와 자세에 따라 행동이 달라지고 결국은 미래가 달라지기 때문이다. 그러므로 건강하지 못한 정체성을 가진 자가 결코 성공적인 삶을 살 수 없으며 건강한 정체성을 가진 자는 삶에 실패할 가능성이 작아진다.

가장 중요한 정체성의 근거는 "내가 나를 어떻게 생각하고 다른 사람이 나를 어떻게 인정하고 말하느냐"는 것이 아니다. "하나님이 나를 어떻게 정의하느냐"가 가장 중요한 의미를 가진다. 왜냐하면, 내가 보는 시각은 언제든지 달라질 수 있다. 그리고 다른 사람이 나를 보는 시각도 변할 수 있다. 그렇지만 '하나님이 나를 어떻게 정의하고 인정하느냐'하는 하나님의 시각은 변하지 않는다. 그러므로 하나님의 시각으로 인생을 살아야 한다. 만약 기드온이 '나는 지극히 작은 자'라는 자아의식으로 인생을 살았다면 그 인생을 낭비하고 말았을 것이다. 만약 예레미야가 '나는 작은 아이'라는 자아의식으로 살았다면 그 인생을 송두리째 도둑맞고 말았을 것이다.

모든 사람의 정체성의 근거는 '하나님께서 무엇이라고 인정하느냐'에 두어야 한다. 하나님의 나에 대한 정의가 나의 정체이기 때문이다. 다윗이 하나님을 만나기 전에 가졌던 정체성은 '나는 이 세상에 태어나서는 안 될 자'였다. 그러나 그가 하나님을 만나고 난 다음 그가 깨달은 자신의 정체는 복음으로 '높이 세워진 자'였다. 복음 안에서 예수 그리스도와 함께 하늘에 앉힌 자였다. 다윗의 정체성 회복은 바로 자존감 회복으로 나타났고, 자존감 회복은 자긍심 회복으로, 자부심 회복으로, 자신감 회복으로 나타나 결국 이스라엘을 블레셋으로부터 구할 뿐 아니라 구속역사를 이끌어 가는 나라로 반석 위에 세워 놓았다.

성경은 그리스도 안에 있는 자들이 무엇이 되었다고 하는가?

> 그런즉 누구든지 그리스도 안에 있으면 **새로운 피조물**이라 이전 것은 지나갔으니 보라 **새 것**이 되었도다
> (고후 5:17)

새로운 피조물의 의미와 새것의 의미가 얼마나 놀라운 신분 회복인지를 보게 될 것이다. 상상을 초월하는 하나님이 부여하신 신분에 모두가 감격하게 될 것이다. 시편 기자처럼 노래하게 될 것이다.

> 여호와여 사람이 무엇이기에 주께서 그를 알아 주시며
> 인생이 무엇이기에 그를 생각하시나이까
> (시 144:3)

하나님이 나를 어찌 생각하는지가 정말 중요하다.

그러나 이보다 더 중요한 것이 있다. 그것은 하나님께서 인정하신 신분을 인정하고 그대로 받아들이고 그 의식으로 사는 것이다. 복음 안에서 회복된 신분이 사실임에도 불구하고 정작 본인 스스로가 그 신분을 받아들이지 않고 자기 스스로 느끼는 부정적 의식으로 초라한 신분으로 살아간다면 이 얼마나 어리석고 바보 같은 인생인가?

우리 주변에는 구원받았다고 말하면서, 하나님의 자녀라고 말하면서, 하나님을 아버지라고 부르면서도 얼마나 많은 신자가 쪼다 의식으로 살아가는지 모른다. 당신은 어떤가?

복음으로 회복된 신분을 한 장 한 장 읽어가면서 복음 안에서 회복된 신분들이 의식이 되고 체질이 되고 삶이 되어 복음을 100% 만끽하는 삶이 되기를 소망해 본다.

복음으로 회복된 신분이
바로 그리스도 안에 있는 자들의 정체이며,
회복된 신분의식을 갖고 사는 것을
정체성이라고 한다.

하늘에서 들리는 음성에 귀를 기울여 보실래요.

chapter 2
너는 내 아들이다.

네가 누구 아들이더라...?
맞아! 넌 하나님의 아들이야!
넌 네 아버지를 닮았거든!
네 모습을 보면 금방 알 수 있어!

  거지 패거리로 살던 한 청년이 박계주라는 사람을 만나 이해할 수 없는 말을 듣는다.
  "청산리 대첩의 영웅 김좌진 장군이 너의 아버지다. 너는 바로 위대한 장군의 아들이란 말이다."
  이 사람이 바로 김두한이다. 그의 생애를 보면 자신의 정체를 안 다음부터 그의 태도와 자세가 달라지는 것을 본다. 뒷골목 양아치로 살던 그가 장군의 아들로 살아가게 된다. 그는 더는 불량배로 살지 않고 "나라와 민족을 위해 어떻게 살 것인가?"로 인생의 방향을 바꾼다.
  자신을 누구로 인식하느냐가 태도와 자세를 바꾸고, 변

화된 태도와 자세가 미래를 아름답게 펼쳐간다.

대부분의 사람은 학력이 자신이고, 사회적 지위가 자신이라고 생각한다. 소유가 자신이라고 생각한다. '무슨 옷을 입고 다니느냐, 무슨 승용차를 타고 다니느냐, 몇 평짜리 집이나 아파트에서 사느냐, 내가 가진 재물이 어느 정도 되느냐' 하는 것들을 자신이라고 생각한다. 그러나 이런 것들은 학력이든, 지위든, 소유이든 잠시 내가 입고 있는 옷일 뿐이다. 계절이 바뀌면 벗어 놓아야 할 것들이다.

세월이 흘러도 환경과 처지가 변해도 달라지지 않는 자기 정체가 있다. 이것은 '내가 나를 어떻게 인정하느냐'가 아니다. '다른 사람이 나를 어떻게 인정하느냐'가 아니다. 오직 '하나님이 나를 어떻게 인정하시느냐'이다. 복음 안에 있는 자들을 하나님은 누구로 인정하시는가?

예수님을 자신의 구원자와 주인으로 영접하는 자들에게 주신 신분이 무엇인가?

> 영접하는 자 곧 그 이름을 믿는 자들에게는
> **하나님의 자녀가 되는 권세를 주셨으니**
> 이는 혈통으로나 육정으로나
> 사람의 뜻으로 나지 아니하고
> 오직 하나님께로부터 난 자들이니라
> (요 1:12-13)

하나님의 자녀가 되는 권세다. 왜 하나님의 자녀가 되는 권세라는 말로 표현하실까? 자녀의 권세는 아버지의 모든 것을 누릴 수 있는 특권을 의미하기 때문이다.

어떻게 아들로 낳으셨는가? 혈통으로나 육정으로나 사람의 뜻에 따라 난 것이 아니라 오직 하나님께로부터 난 자라고 한다. 그래서 시편 기자는 이렇게 노래한다.

> 내가 여호와의 명령을 전하노라
> 여호와께서 내게 이르시되 **너는 내 아들이라**
> 오늘 **내가 너를 낳았도다**
> (시 2:7)

복음 안에 있는 자들이 자신이 어떻게 하나님의 아들이 되었는지 알 수 있는가?

> 무릇 **하나님의 영으로 인도함을 받는 사람은**
> 곧 **하나님의 아들이라**
> 너희는 다시 무서워하는 종의 영을 받지 아니하고
> **양자의 영**을 받았으므로
> 우리가 **아빠 아버지**라고 부르짖느니라
> **성령이 친히 우리의 영과 더불어**
> **우리가 하나님의 자녀인 것을 증언하시나니**
> (롬 8:14-16)

복음으로 회복된 신분 즉 하나님의 아들 됨을 어떻게 알 수 있는가? 그것은 하나님의 영인 성령님이 내 안에서 나를 인도하고 있는가를 보면 알 수 있다. 그리고 내 안에 오신 성령님이 자신의 영으로 더불어 우리가 하나님의 아들인 것을 증언하고 계신다. 한 걸음 더 나아가 하나님의 자녀가 되는 권세 중에서 놀라운 권세가 무엇인가?

> 자녀이면 또한 상속자 곧 하나님의 상속자요
> **그리스도와 함께 한 상속자**니
> 우리가 그와 함께 영광을 받기 위하여
> 고난도 함께 받아야 할 것이니라
> (롬 8:17)

하나님의 아들이면 상속자라는 것이다. 바로 하나님의 상속자인데 그리스도와 함께 한 상속자라는 것이다. 이 얼마나 놀라운 신분이며 하나님의 자녀의 권세인가? 이것이 바로 복음으로 회복된 신분, 하나님의 아들이다.

예수님은 복음 안에 있는 자들에게 기도할 때 하나님을 어떻게 부르라고 하는가?

> 그러므로 너희는 이렇게 기도하라
> 하늘에 계신 우리 아버지여
> 이름이 거룩히 여김을 받으시오며
> (마 6:9)

하나님을 아버지라 부르라고? 유대인들이 들으면 기절초풍할 말이다. 왜냐하면, 예수님을 십자가에 내어주는 죄목 중의 하나가 바로 하나님을 아버지라고 불렀기 때문이었다.

> 유대인들이 이로 말미암아 더욱 예수를 죽이고자 하니
> 이는 안식일을 범할 뿐만 아니라
> 하나님을 자기의 친 아버지라 하여
> 자기를 하나님과 동등으로 삼으심이러라
> (요 5:18)

이슬람교의 창시자 마호메트에겐 99가지 이름들이 있지만 그에게 누구도 '아버지'라고 부르지는 못한다. 불교 신도들이 부처를 아버지라고 부르지 않는다. 그런데 예수님은 구원받은 자들에게 하나님을 아버지라 부르라고 한다. 왜 그럴까? 그 이유는 간단하다. 하나님은 아버지요, 복음 안에서 태어난 자들이 하나님의 아들이기 때문이다.

교우들이 나를 부를 때 '목사님'이라고 부른다. 학교에서는 나를 '교수님'이라고 부른다. 제 아내는 나를 '여보'라고 하고 내 아이들은 나를 '아버지' 혹은 '아빠'라고 부른다.

내 귀에 들리는 다양한 호칭들이 있다. 내 귀에 들리는 호칭 중에 가장 좋은 호칭이 뭘까? 가장 가슴이 찡하고 울렁거리게 하는 호칭은 '아빠' 혹은 '아버지'이다. 나를 보면서 하나님의 마음이 보인다. 하나님도 '아빠' 혹은 '아버지'라고 불러줄 때가 가장 행복하실 것 같다는 생각이 든다.

미국 테네시 주의 한 작은 마을에 '벤 후퍼'라는 볼품없는 아이가 태어났고 그는 아빠가 없었다. 그가 태어나기도 전에 아빠가 엄마를 버렸기 때문이다.

마을 사람들은 자기 자녀들이 사생아 출신인 벤 후퍼와

함께 노는 것을 원하지 않았다. 벤에게는 당연히 친구가 없었기 때문에 날마다 왕따를 당하며 살았다.

그러다가 그가 12살이 되었을 때, 동네 교회에 새로운 목사님이 부임해 오셨다. 어린 벤은 목사님을 만나는 사람마다 행복해하는 모습을 보면서 한 번도 가본 적이 없었던 교회에 가보고 싶어졌다. 그래서 그는 예배 시간에 일부러 늦게 교회에 가서 맨 뒷자리에 앉아 있다가 설교가 끝나고 축도 시간이 되면 아무도 모르게 살짝 빠져나오곤 했다.

그렇게 몇 주가 지났다. 그날도 그렇게 교회에 가서 예배를 드리다가 목사님의 설교에 큰 감동을 하고 축도 전에 빠져나오는 걸 깜빡 잊었다.

예배가 끝난 후 사람들 틈에 끼여 나오는데 목사님이 그에게 물었다. "네가 누구 아들이더라?" 주변이 갑자기 조용해졌다. 그때 목사님은 미소를 띠우며 이렇게 말했다.

"아, 그래. 네가 누구 아들인지 알겠다. 너는 네 아버지를 닮았기 때문에 금방 알 수 있어! 너는 하나님의 아들이야! 네 모습을 보면 알 수 있거든!"

갑자기 얼굴이 빨개지며 당황한 벤은 황급히 교회 밖으로 달려나갔다. 그때 목사님은 더 큰 소리로 그의 등에 대고 이렇게 말했다.

"하나님의 아들답게 훌륭한 사람이 되어야 한다."

그 날로부터 벤 후퍼는 사생아라는 의식으로부터 자유함을 얻었다고 한다. 더는 사생아가 아니라, 하나님의 아들이라는 새롭게 깨달은 정체성을 갖게 되었다. 태도와 자세가 달라지니 삶도 달라지기 시작했다. 하나님의 아들로서 하나님의 아들답게 공부도 열심히 해야겠다는 생각이 들었다. 결국, 나중에 그는 테네시 주의 주지사가 되었다.

그리고 그는 이렇게 간증한다.

"여러분, 나는 그때 그 목사님을 만나, 내가 하나님의 아들이라는 말을 듣던 그 날부터 패배 의식에서 해방되어 인간 승리자, 곧 테네시 주의 주지사로 태어났습니다."

오늘날 많은 그리스도인은 복음으로 회복된 신분으로 살지 않는다. 하나님의 아들 의식이 미미하다. 여전히 소유가 자신인 줄 알고 가난뱅이 의식으로 산다. 출신과 학력 그리고 사회적 지위가 자신인 줄 알고, 쫀다 의식에서 벗어나지 못한 채 어두운 인생을 살고 있다. 세상보다 더 위대하고 큰 하나님의 아들임에도 불구하고 세상 앞에서 늘 메뚜기 의식을 떨쳐버리지 못한 채 살아가고 있다. 이런 모습을 보고 계신 하나님의 마음은 얼마나 답답하고 가슴 아프시겠는가?

모세를 보라. 자신이 하나님의 아들이기에 공주의 아들 신분이 크게 보이지 않았다. 요셉을 보라. 형제들이 죽이려고 구덩이에 던졌을 때도 그는 하나님의 아들 의식으로 산다. 보디발의 가정에 노예로 팔려가도 그는 하나님의 아들 의식으로 산다. 감옥에 갇힌 죄수라도 그는 하나님의 아들 의식으로 살지 않던가?

다니엘을 보라. 포로로 잡혀갈 때도, 왕의 진미를 거부할 때도 당당하다. 그리고 황제가 아닌 다른 신에게 기도하는 자는 사자 굴 속에 들여보낸다는 법령이 반포된 뒤에도 그는 당당하게 창문을 열어 놓고 하루에 세 번씩 무릎 꿇고 기도한다. 무엇이 그를 그렇게 담대하게 만들었던가? 하나님의 아들 의식이다. 세상보다 크고 황제보다 큰 하나님의 아들이라는 의식이 그를 당당한 자로 살게 한 것이다. 이 얼마나 멋진 모습인가?

스데반을 보라. 복음을 전하고 있는 자신을 향해 돌을 들어 치려고 해도 눈 하나 까닥하지 않는다. 누구 앞에서도 당당한 바울을 보라. 무엇이 그를 그렇게 만들었는가? 복음으로 회복된 신분 즉 하나님의 아들 의식 때문이다.

모세가 미디안 광야에서 쓸쓸히 양을 치고 있을 때도, 요셉이 노예 생활할 때도, 감옥에 죄수로 있을 때도, 다니엘이 포로로 끌려갈 때도, 사자 굴에 들어갈 때도, 스데반이 돌에 맞아 죽을 때도, 바울이 로마 감옥에 갇혀 있을 때도 그들은 모두 하나님의 아들이었다. 환경이 어렵고 비참한 처지에 놓이게 되어도 그들의 정체는 하나님의 아들이었다. 세월이 흐르고 환경이 바뀌고 처지가 달라져도 해서 그들의 정체는 변하지 않는다. 언제나 어디에서나 그들은 하나님의 아들이다.

하나님은 우리가 모두 하나님의 아들이니까 하나님의 아들처럼 살기를 원하신다. 자존감이 낮아지고 세상이 가끔씩 크게 보일 때마다 부르는 노래다.

힘들고 지쳐 낙망하고 넘어져
일어날 힘 전혀 없을 때에
조용히 다가와 손잡아 주시며 나에게 말씀하시네
나에게 실망하며 내 자신 연약해
고통 속에 눈물 흘릴 때에 못 자국 난 그 손길
눈물 닦아 주시며 나에게 말씀 하시네
너는 내 아들이라 오늘날 내가 너를 낳았도다
너는 내 아들이라 나의 사랑하는 내 아들이라
언제나 변함없이 너는 내 아들이라
나의 십자가 고통 해산의 그 고통으로 내가 너를 낳았으니
너는 내 아들이라 오늘날 내가 너를 낳았도다
너는 내 아들이라 나의 사랑하는 내 아들이라
나의 사랑하는 내 아들이라

chapter 3
너는 내 보배야

너는 나의 보화란다.
너는 나의 존귀한 보배란다.
너를 아들 삼기 위해
가장 비싼 값을 지불했거든!
넌 값싼 존재가 아니야!

> 천국은 마치 **밭에 감추인 보화**와 같으니
> 사람이 이를 발견한 후 숨겨 두고 기뻐하며 돌아가서
> 자기의 소유를 다 팔아 그 밭을 사느니라
> (마 13:44)

　예수님께서 말씀하신 천국에 대한 비유이다. 밭에 감추어진 보화를 발견한 농부가 그 보화를 얻기 위해 자기 소유를 다 팔아 그 밭을 샀다는 내용이다. 이 비유의 의미가 무엇일까? 밭에 감추어진 보화는 무엇이며 자기 소유를 다 팔아 그 밭을 산 사람은 누구를 가리키는 말일까?
　성경을 해석하는 대부분의 학자는 밭에 감추어진 보화는 예수님이고, 값진 보화를 얻기 위해 자기 소유를 다 판 사람은 예수를 믿는 자들이라고 했다. 나도 그렇게 생각했었다.

그런데 어떤 해석학자들은 이런 해석에 대해 반론을 제기했다. 밭에 감추어진 보화가 예수님이라면 그 예수님을 인간이 가진 소유를 다 팔아 살 수 있는 존재인가?

인간이 가진 것으로 천국을 살 수 있는 것인가? 인간의 정성으로 얻을 수 있는 것이 천국인가? 우리가 무엇을 희생한들 값진 보화와 같은 천국을 구속(값을 내고 산 행위)할 수 있겠는가? 우리의 종교적인 행위와 윤리적인 노력으로 값진 보화와 같은 천국을 살 수 있겠는가?

우리의 소유를 다 팔아 값진 보화와 같은 천국을 우리가 살 수 없다고 한다면 이 말씀을 반대로 생각해 보아야 한다. 우리가 값진 보화이고 값진 보화와 같은 우리를 구속하기 위해 자신의 모든 소유를 지불하신 분이 하나님이라면 이 말씀은 아주 자연스럽게 해석이 된다는 점이다.

우리가 밭에 감추어진 보화이고 자신의 모든 것을 팔아 사신 분이 하나님이시다. 복음 안에 있는 우리가 자신의 모든 소유를 다 내고 사신 존재가 감추어진 보화들이라는 말씀을 깨달았을 때 이 구절을 통해 이런 음성이 들렸다.

"네가 나의 보화란다."
"너는 나의 존귀한 보배란다."

이사야 선지자를 통해서 하나님은 복음으로 회복된 자들에게 이렇게 말씀하시고 계신다.

> ...내가 너를 구속하였고
> 　내가 너를 지명하여 불렀나니 너는 내 것이라
> (사 43:1하)

하나님이 우리를 아들 삼기 위해 비싼 값을 내셨다. 세상에서 가장 비싼 값을 내신 것이다. 자신이 창조한 천지 만물보다 더 귀하고 자신보다도 더 귀한 아들(독생자)을 내신 것이다.

하나님의 마음에 우리의 존재감과 가치가 어느 정도였다는 말인가?

"너는 나의 보배야!"

그러므로 하나님은 자신에게 있어서 가장 소중한 값을 내시고 우리를 속량해 주셨다. 하나님에게 있어서 우리는 값싼 존재가 아니다.

감추어진 보화를 사기 위해 하나님은 예수님만 내신 것이 아니었다.

> 대저 나는 여호와 네 하나님이요
> 이스라엘의 거룩한 이요 네 구원자임이라
> 내가 애굽을 너의 속량물로,
> 구스와 스바를 너를 대신하여 주었노라
> (사 43:3)

이스라엘을 구하기 위해 애굽, 구스, 스바를 속량물로 내주었다고 성경은 말씀하신다. 이 말씀은 이스라엘에만 국한

되는 것이 아니었다. 한국 근대역사를 보면 대한민국을 구하기 위해서도 하나님은 이런 일들을 행하셨다.

조선시대 말 일본은 황실과 우리나라를 짓밟기 시작했다. 명성황후를 시해하고 우리나라 젊은이들을 강제로 끌고 가서 강제 노동을 시키고, 성노예로 삼았다. 전쟁무기를 생산하기 위해 놋그릇까지 강제로 빼앗아 갔다. 신사참배를 강요하고 이에 반대하는 자들을 투옥하고 온갖 고문을 자행했다.

일본은 청일 전쟁과 러일 전쟁의 승리로 청나라도 러시아도 우리를 도울 수 없게 만들었다. 수많은 독립투사가 자신의 몸을 던졌다. 핍박과 순교를 당하면서도 교회는 독립을 위해 기도했다.

대부분의 사람은 대한민국 독립에 대하여 거의 불가능하게 느끼며 살았다. 그런데 하나님은 상상할 수 없는 방법으로 한국의 독립을 차근차근 준비하고 계셨다.

2차 대전 당시 독일의 히틀러는 원자폭탄 개발에 박차를 가하였다. 유대계 독일인 아인슈타인은 원자폭탄을 개발하는 데 가장 탁월한 지식을 소유한 자였음에도 불구하고 히틀러의 원자탄개발에 참여하지 않았다. 원자탄과 같은 무기가 히틀러 손에 들어간다면 세계가 어떻게 될까? 불 보듯 뻔했기 때문이다.

미국으로 망명한 아인슈타인은 당시 미국 대통령인 루스벨트에게 히틀러가 원자탄을 만들기 전에 미국에서 개발해야 한다는 당위성을 편지로 보냈다. 당시에 루스벨트는 어려운 경제공황에서 일어나는 순간이었고 전비로 많은 예산이 투입되고 있었기 때문에 원자탄 개발에 대해 주저주저하고 있었다. 그러나 아인슈타인의 편지를 받고 바로 맨해튼 프로젝트를 발표하고 원자탄 개발에 착수하게 된다. 원자탄 개발에 투입된 인원은 20만 명에 이르고 277조 원이 투입되었다. 그리고 마침내 1945년 7월 6일 멕시코에서 실험에 성공함으로 원자탄이 완성된 것이다.

영국과 미국의 도움을 받아 청일전쟁과 러일전쟁을 승리로 이끌었던 일본은 독일과 이탈리아와 연합하여 1941년 미국을 공격하기 시작했다. 목숨을 걸고 덤벼드는 일본군 앞에 미국은 무차별적으로 피해를 보기 시작했다.

"각하, 많은 나라와 전쟁을 해 보았지만 일본 군대처럼 잔인한 군인들은 본적이 없습니다. 원자탄을 사용하도록 허락해 주십시오."

전투 중인 부대의 강력한 요청에도 불구하고 허락하지 않았던 트루먼 대통령은 결국 원자탄 투하를 허락하게 된다. 인구가 많이 밀집된 동경에는 투하하지 말고 소도시에 투하하라고 명령한다. 1945년 8월 6일 히로시마에 투하하고 8월 9일 나가사키에 투하한다. 이 결과 일본 천황이 항복을 선언함으로 우리나라는 독립을 맞이하게 된 것이다.

이사야 43장 3절을 읽을 때마다

"내가 너를 위해 히로시마를 너의 속량물로 나가사키를

너의 대신으로 주었단다" 이렇게 들린다.

이렇게 행하신 이유에 대해 성경은 계속해서 이렇게 말씀한다.

> **네가 내 눈에 보배롭고 존귀하며**
> 내가 너를 사랑하였은즉
> 내가 네 대신 사람들을 내어 주며
> 백성들이 네 생명을 대신하리니
> (사 43:4)

"내 눈에 네가 보배롭고 존귀하기 때문이다."

하나님의 눈에 이스라엘이 보배롭고 존귀하지 않았다면 애굽과 구스 그리고 스바를 속량물로 내어 주시지 않으셨을 것이고, 하나님의 눈에 우리가 보배롭고 존귀하지 않았다면 히로시마와 나가사키를 속량물로 내어 주지 않으셨을 것이다.

"너는 나의 보배야."

이 말은 우리의 귀를 즐겁게 해주려고 하는 말이 아니었다. 이 말과 고백은 하나님의 진심이었다.

한 걸음 더 나아가 성경은 계속해서 이렇게 말씀하신다. "내가 너를 사랑하였은즉 내가 대신 사람들을 내어 주며 백성들이 네 생명을 대신한다"는 말씀을 읽을 때마다 6.25 때 우리와 우리를 위해 참전했던 16개국의 병사들의 희생을 떠올리게 된다. 하나님의 눈에 우리는 보배롭고 존귀한 자들이었다.

자식을 낳아 길러보면 하나님의 마음을 조금은 알 수 있을 것 같다. 부모는 자기 자식이 가장 귀하고 보배롭다. 이 세상에서 아무리 잘생긴 사람도 자기 자식만큼은 존귀하지도 않고 보배롭지도 않다. 부모의 눈에는 자기 자식이 언제나 보배롭고 존귀하다. 수준이나 실력을 떠나서 항상 그렇다.

그렇다면 이런 부모의 마음이 어디에서 왔을까? 바로 하나님의 형상이다. 하나님께서 인간을 지으실 때 바로 이런 하나님의 마음을 담아 주셨기 때문이다. 세상에서 부모는 자기 자식이 제일 존귀하며 보배롭다. 나를 향한 하나님의 마음은 부모의 마음보다 몇억 배, 몇조 배 더 깊고 크시다.

> 땅에 있는 성도들은
> 존귀한 자들이니
> 나의 모든 즐거움이 그들에게 있도다
> (시 16:3)

"너는 내 보배다."

변하지 않는 이 한 가지 사실만으로도 우리는 항상 기뻐할 수 있다. 그리고 범사에 감사할 수 있다. 이 영광스런 나의 정체성을 생각할 때마다 가슴에서 뭉클하게 올라오면서 입에서 터져 나오는 노래가 있다.

> 십자가 그 사랑 멀리 떠나서
> 무너진 나의 삶 속에 잊혀진 주 은혜

돌 같은 내 마음 어루만지사
다시 일으켜 세우신 주를 사랑합니다
주 나를 보호하시고 날 붙드시리
나는 보배롭고 존귀한 주님의 자녀라
주 나를 보호하시고 날 붙드시리
나는 보배롭고 존귀한 주의 자녀라

지나간 일들을 기억하지 않고
이전에 행한 모든 일 생각지 않으리
사막에 강물과 길을 내시는 주
내 안에 새 일 행하실 주만 바라보리라
주 너를 보호하시고 널 붙드시리
너는 보배롭고 존귀한 주님의 자녀라
주 너를 보호하시고 널 붙드시리
너는 보배롭고 존귀한 주의 자녀라
아멘

하나님은 자신에게 있어서
가장 소중한 값을 지불하고
우리를 속량해 주셨다.
하나님에게 있어서 우리들은
값싼 존재가 아니다

병상에서 다가오신 예수님

chapter 4
너는 내 몸이야

병상에서 예수님을 더욱 깊이 만났다.
예수님은 나를 진짜 목사로 빚어가셨다.
"동조야, 너는 내 몸이야."
이것이 구원이요
하나님의 가족이 누릴 영광이다.

> 너희는 그리스도의 몸이요 지체의 각 부분이라
> (고전 12:27)

오래전에 교통사고를 당한 적이 있다. 4.5톤 덤프트럭이 내 승용차 옆을 들이받는 사고였다. 덤프트럭은 직진했고 나는 좌회전 중이었으니 운전하고 있는 바로 좌측 옆을 들이받은 것이다. 브레이크 페달을 밟는다고 급하게 밟았는데 그것이 브레이크 페달이 아닌 엑셀레이터 페달이었던 것이다. 차는 갑자기 더 강한 속도로 돌진했다.

충돌하는 순간 앞이 캄캄했다.

'사고 났구나!'

서서히 의식을 잃어가고 있었다. 한참의 시간이 흐른 뒤에 서서히 의식이 돌아오기 시작했다. 정신을 차리고 얼마나 다쳤는지 점검하고 싶었다. 오른손을 움직여 보았다. 꼼짝도 하지 않았다.

'어어, 부러졌나!'

다시 왼손을 움직여 보았다. 꼼짝도 하지 않은 것이다.

'어어, 왼손도 부러졌나 보다.'

오른발을 움직여 보았다. 조금도 움직일 수 없었다.

'어어, 오른발도 부러졌나 보네.'

다시 왼발을 움직여 보았다. 조금도 움직일 수가 없었다.

'왼발도 부러졌나 보네.'

속이 메슥거리더니 토하기 시작했다. 뱃 속에 있는 모든 것을 다 쏟아내고 있었다. 순간 머릿속에 스치는 생각이다.

'아하, 머리를 심하게 다쳤나 보구나!'

뱃 속에 있는 모든 것을 다 토해 낸 후에 몽롱해진 정신을 가다듬고 머리를 좌우로 돌려보았다. 머리가 움직이기 시작했다. 좌측으로 피가 줄줄 흘러내리고 있었다. 그런데 희한하게도 통증이 없었다.

'이 정도 상태면 통증이 심할 텐데 왜 아프지 않을까? 참 이상하네!'

이런 생각에 잠겨 있을 때 장정 두 명이 운전석 문짝을 다 뜯어내고 내게 말을 건넸다.

"이제 문짝을 다 뜯어냈으니 나오시오."

"선생님 참 이상하게도 손과 발을 움직일 수가 없습니다."

"그래요?"

장정 두 명이 운전석에 앉아있는 나를 들어 구급차에 옮겨 놓았다. 나는 아무것도 할 수 없었다. 얼마나 다쳤는지? 왜 손과 발은 움직이지 않는지? 알 수 없었다. 불안한 생각이 나를 사로잡기 시작했다.

검사를 해 보니 목 경추 2번이 골절되어 있었다. 척추 속으로 내려오는 신경의 손상으로 운동신경 마비가 온 것이다. 피부감각 신경 마비가 오니 통증을 느낄 수가 없었고 따뜻한지 차가운지 터치 감각을 느낄 수가 없었다. 소변이 마려워도 소변을 볼 수 없었다. 하수도 처리신경에도 이상이 온 것이다.

앉을 수도 없고, 설 수도 없고, 걸을 수도 없고, 내 손으로 밥을 먹을 수도 없었다. 침상에 누워만 있는 내 모습, 아내가 밥을 떠먹여 주어야만 식사할 수 있는 상황에서 더 불안하고 염려되는 것은 교회였다.

교회가 설립된 지 불과 5년이 지났을 때였다. 모이는 수는 60명에서 70명 정도로 기억된다. 교통사고로 병상에 누워있는 나를 보고 그들은 어떤 생각을 할까? 그들에게 말씀을 잘 준비해서 전해야 할 내가 이렇게 누워만 있으니 걱정스러운 것이 한둘이 아니었다.

'내가 다시 강단에 설 수 있을까?'

'전신마비가 오는 사람 중에 다시 회복되어 일상적인 생활을 하는 사람들이 있을까?'

'내가 나을 수 있을까?'

'낫는다면 언제나 다 나을 수 있을까?'

'하나님! 복음 전하고 싶어 목사가 되었습니다. 그런데 나를 왜 이렇게 만들어 놓으셨나요? 너무하신 것 아닙니까?'

원망이 쏟아져 나오기 시작했다. 내 안에 계신 예수님이 원망의 소리를 한참 동안 듣고 계시다가 말씀하셨다.

"죽을 자리에서 살려주었더니 원망 밖에 할 줄 모르니?"

"아이고 예수님, 제가 잘못했습니다. 그래도 죽을 자리에서 살려주셔서 감사합니다."

감사기도 해 놓고 15분쯤 지나면 다시 원망스런 마음이 솟아오르기 시작한다.

"하나님, 나를 왜 이렇게 만들어 놓으셨어요?"

"하나님, 그 강력한 충돌 현장에서 나를 살려주셔서 감사합니다."

"하나님, 왜 나를 이렇게 비참하게 만들어 놓으셨나요?"

"하나님, 그래도 살려주셔서 고맙습니다."

병상에 누워 15분 간격으로 원망하다가 감사했다가 원망하다가 감사했다가를 반복하고 있었다. 그 순간 내 안에서 나를 지켜보고 계신 예수님이 성령의 조명을 통해 선명하게 질문하셨다.

"네 몸은 네 몸이니, 내 몸이니?"

"네?"

"너는 내 몸이니? 아니면 네 몸이니?"

그 순간 고린도전서 12장 27절 말씀이 섬광처럼 스쳐 지나갔다.

너희는 그리스도의 몸이요 지체의 각 부분이라
(고전 12:27)

"그렇군요. 내가 바로 그리스도의 몸이군요."
"그래, 너는 내 몸이란다."
"수족을 쓰지 못하고 누워있는 병든 이 몸이 예수님의 몸이라면 내가 걱정할 이유가 없겠군요."

나는 병상에서 예수님을 더욱 깊이 만날 수 있었다. 교통사고를 당하는 그 순간에도 예수님은 내 안에 계셨다. 그리고 그 사고를 피해 가게 하실 수 있는 분이 전능하신 예수님이셨다. 그러나 예수님은 그렇게 하지 않으셨다. 교통사고를 통해 예수님은 나를 진짜 목사로 빚어가고 계셨다. 그런 사고가 없었다면 지금도 형편없는 목사이지만 더욱더 형편없는 목사가 되어 있었을 것이 뻔하다.

나는 병상에서 고린도전서 12장 27절 말씀의 의미를 제대로 보고 느낄 수 있었다.

"동조야, 너는 내 몸이야."

이 얼마나 황홀하고 짜릿한 관계인가? 이것이 구원이다. 이것이 하나님의 가족이 누릴 영광이다.

"너희는 그리스도의 몸이요 지체의 각 부분이다"라는 구절을 읽을 때마다 나와 상관없는 말씀처럼 느꼈었다. 그런데 이제는 아니다.

"너는 내 몸이야."

지금도 그 순간을 생각하면 내 가슴 깊은 곳으로부터 우러나오는 노래가 있다.

나를 지으신 주님 내 안에 계셔
처음부터 내 삶은 주의 손에 있었죠
내 이름 아시죠 내 모든 생각도
내 흐르는 눈물 그가 닦아 주셨죠
그는 내 아버지 난 그의 소유
내가 어딜 가든지 날 떠나지 않죠
내 이름 아시죠 내 모든 생각도
아바라 부를 때 그가 들으시죠

너희는 그리스도의 몸이요 지체의 각 부분이라
(고전 12:27)

너는 나의 기쁨의 꽃

chapter 5
너는 내 기쁨이야

힘겨운 일상 속 무거운 일들이 쌓일 때,
침대 옆 서랍을 열어
어렸을 적 아이들 사진을 꺼내본다.
이들은 나의 기쁨이며 행복이다.
나를 향한 아버지 마음도 그러실까?
하나님은 입양된 우리들에게 말씀하신다.
"너는 나의 기쁨이야!"

　요즈음 들어 가끔 내 아이들의 어렸을 때를 추억해 본다. 아이들의 어린 시절을 떠올릴 때마다 나도 모르는 사이에 마음엔 기쁨이, 얼굴에는 미소가 깃든다. 언제나 어느 때나 아이들의 모습을 추억할 때마다 느껴지는 감정이다. 아무리 생각해도 질리지 않고 싫지도 않다. 그때마다 문득 이런 생각이 든다. 나를 향한 하나님 아버지도 이런 감정이실까?

　힘겨운 일상 속에서 머리 무거운 일들이 쌓일 때마다 침대 옆 서랍을 연다. 어렸을 때 찍어놓은 아이들 사진을 꺼내보기 위해서다. 항상 봐도 또 보고 싶은 사진들이다. 그리고 볼 때마다 나도 모르는 사이에 머리에 무거운 짐들이 내려지는 것 같다. 복잡해진 마음이 안정을 되찾는다. 힐링과 삶의 에너지 충전에 이것보다 더 좋은 것은 없는 것 같다. 이때도 문득 이런 생각이 든다. 나를 향한 하나님 아버지도 이러실까?

나는 독실한 불교 집안에서 태어났다. 어린 시절 보살을 불러들여 굿을 하는 것을 자주 보고 자랐다. 가정 형편을 설명하려면 복잡하다. 아버지와 어머니의 나이는 스물다섯 살 차이가 난다. 이런 이유는 아버지의 본 부인이 아들 셋 딸 둘, 오 남매를 낳아놓고 돌아가셨기 때문이다. 상처하신 아버지가 재혼하셨는데, 어머니는 초혼인 줄 알고 시집을 오신 것이다. 시집을 와서 보니 자녀가 다섯이나 딸린 홀아비인 데다가 마늘 씨 하나 꼽을만한 전답이 없었다. 기가 막힌 가정 형편이었다. 도저히 못살 것만 같았다. 도망갈 궁리만 하고 있었는데 그때마다 아이가 들어서고 만 것이다. 이렇게 태어난 자녀가 육 남매다.

억울한 마음을 안고 죽을 힘을 다해 일하셨다. 전답을 한 마지기 두 마지기 모아가면서 본처 자녀 오 남매를 출가시켰다. 그리고 어머니의 나이 마흔둘에 아버지가 지병으로 돌아가셨다. 아버지가 돌아가신 후에 배다른 형제들이 어머니를 쫓아내고 나머지 재산을 빼앗아가기 위해 혈안이 되어 있었다. 아버지가 돌아가신 우리 집은 눈물의 골짜기로 변했다. 칠흑 같은 어둠 뿐이었다. 앞이 보이질 않았다. 우리를 도와줄 사람은 주변에 아무도 없었다. 이런 눈물겨운 환경이 하나님을 만나는 토양이 될 줄이야 누가 알았으랴!

우리 집에서 동네 다섯을 지나 8km쯤 가면 교회가 있었다. 김순금 집사님의 전도로 어머니는 교회에 나가셨다. 한 번 간 교회 처음 예배를 드리면서 어머니는 무언가를 느끼셨다.

"오메! 오메! 내가 살 곳이 이곳이구나!"

"오메! 오메! 내가 머리 둘 곳이 이곳이구나!"

항상 슬픔에 젖어 사셨던 어머니가 다시금 활기를 찾기 시작하셨다. 그늘진 얼굴이 다시 환하게 펴지고 계셨다. 입에서는 원망이 사라지고 긍정적인 말들이 쏟아져 나오고 항상 찬송 소리가 떠나지 않았다.

어머니는 나를 초등학교 2학년 때 광주로 전학을 시켜주셨다. 나는 누님의 신혼 방에 얹혀 살았다. 어머니가 얼마나 보고 싶은지 날이면 날마다 울었다. 어린 나를 광주에 보내 놓고 어머니 또한 얼마나 우셨을까?

가끔 시골에 내려가면 어머니가 입고 있는 옷이며 먹는 음식이며 뭐 한 가지 성한 것이 없었다. 어머니는 일 속에 파묻혀 빠져나오지 못하셨다.

"동조야, 시골에서 일밖에 모르는 엄마가 싫지 않니?"

"싫기는 왜 싫어요?"

"너와 함께 있어 주지 못해 엄마는 늘 미안하단다."

"우리를 위해 일만 하시는 엄마가 늘 불쌍해 보여요."

"동조야! 이보다 더 힘든 일을 해도 나는 기쁘단다."
"왜요?"
"너희들만 생각하면 그렇게 기쁠 수가 없단다."
"그래요?"
"새벽에 논에 나가서 일꾼들과 함께 모를 심고 늦은 오후에 일꾼들은 다 자기 집으로 돌아가고 나 혼자 논 귀퉁이 부분에 모를 심고 나면 밤 11시가 된단다. 새벽부터 허리를 숙여가면서 모를 심다 보면 허리가 딱 부러질 것 같다가도 너만 생각하면 허리가 딱 펴지더라."
"왜요?"
"네가 바로 나의 기쁨이고 희망이거든. 그리고 내가 살아야 할 이유이거든. 너희들이 아니면 이렇게 힘든 일을 내가 왜 하겠니?"

어린 시절에는 어머니의 말이 무슨 말인지 전혀 몰랐다. 내가 자식을 낳아 기르면서 그때 어머니가 왜 그렇게 말씀하셨는지 알 수 있었다. 이 순간 문득 이런 생각이 떠오른다. 나를 향한 하나님 아버지 마음도 이와 똑같으실까? 그리고 어머니의 마음과 하나님 아버지의 마음, 누구의 마음이 더 진할까?

근래에 본 뮤지컬 중에 『루카스』가 있다. 헨리 나우웬이 말년에 들어가 공동체 생활을 했던 캐나다 토론토의 발달장애인 공동체 '데이브레이크'에서 일어났던 실화를 바탕으로 만들어진 작품이다.

데이브레이크 공동체의 일원인 한 지적장애인 엔디라는 형제가 있다. 이 형제는 8살 지능을 가진 지적장애인이다. 이 형제가 비슷한 장애를 가진 줄리라는 자매와 사랑에 빠진다. 이 둘은 결혼하게 된다. 이 둘 사이에서 루카스라는 한 아기가 태어났다. 뇌가 두개골 밖으로 삐져나오는 뇌 기형을 가진 이 아기는 배 속에 있을 때는 엄마의 탯줄로 영양을 공급받아 살 수 있었지만 태어나는 순간 죽을 수밖에 없는 운명이었다. 그런데 놀랍게도 루카스는 바로 죽지 않고 기적적으로 숨을 이어간다. 엔디와 줄리는 너무 기뻐 루카스를 안고 병원에서 데이브레이크로 돌아온다.

그리고 언제 숨을 거둘지 모르는 루카스를 위해 날마다 사랑의 파티를 연다. 그리고 세례식을 거행하고 출생신고를 한다. 이들의 생애 중에 가장 기쁘고 행복한 시간을 보낸다. 이를 지켜보는 모든 이들이 감동을 받는다. 엔디와 줄리는 부모로서 해줄 수 있는 모든 것을 아이에게 해주려고 노력한다. 불행이라고 여겨야 하는 순간에도 그들에게는 형언할 수 없는 기쁨이 있었고 누구보다 행복해 보였다.

단 얼마만이라도 루카스가 자신들 곁에 더 머물게 해달라고 간절히 기도한다. 그들의 기도 응답이었을까... 아기 루카스는 놀랍게도 예견된 수명 15분을 넘어 하루 이틀을 지나더니 10일이 지나고 15일이 지나갔다. 하루하루가 기적이었다. 엔디와 줄리는 루카스가 자기들 곁에 얼마나 더 머물러 있을 수 없다는 것을 알고 루카스에게 이렇게 알려 준다.

"사람과 사람 사이에는 실이 있단다.

어떤 실은 너무 쉽게 끊어지기도 하고,

어떤 실은 크나큰 상처를 주면서 끊어지기도 하고,

그러나 영혼의 실로 묶인 가족은 영원히 끊어지지 않아! 나와 줄리 사이에 루카스가 정신적으로 묶여있기에 떠나도 절대로 버려지지 않는다는 사실을 기억해라"

루카스는 16일 넘기고 17일째 서서히 숨을 거두게 된다.

지적장애인인 루카스의 아버지는 장례식에서 이렇게 고백한다.

"나를 아버지로 만들어 준 내 아들 루카스에게 감사합니다. 루카스는 사랑하는 아들의 고통과 죽음을 지켜보는 아버지의 마음을 알게 해 주었습니다."

그리고 루카스에게 하는 말이다.

"나와 같은 사람에게 아빠가 될 수 있는 행운을 주어서 고마워.... 사랑해 루카스.... 사랑해 루카스...."

8살 지능을 가진 엔디와 줄리가 결혼하여 아이를 낳고 기르는 17일간을 그린 뮤지컬은 지금도 여운이 깊은 감동으로 남아 있다. 17일 살고 간 아기이지만 엔디와 줄리에게 있어서 루카스는 큰 선물이었고 큰 기쁨이었다.

건강하든 병들었든 자식은 부모의 기쁨이며 행복이다. 불의의 사고로 세상을 떠나가는 어린 자녀를 보내면서 하는 말이다.

"그동안만이라도 내 아들이 되어주어서 고맙다. 너와 함께 했던 짧은 시간이 나에겐 기쁨이었단다."

이럴 때마다 문득 떠오르는 생각이 있다. 나를 향한 하나님 아버지도 이런 마음일까?

잠실에 있는 성산교회에 집회를 간 적이 있다. 담임목사님은 유병용 목사님이셨다. 늘 행복해 보였다. 표정에서 하나님의 나라를 볼 수 있는 분이셨다.

"목사님, 아이는 몇인가요?"
"저는 두 아들을 낳았는데요. 한 아기를 입양했어요."
"언제요?"
"네 큰 아이 열다섯, 둘째 열두 살 때 80일 된 딸아이를 입양했습니다."
"낳은 아들들과 입양한 딸 중에 누가 더 사랑스러운가요?"
"입양한 딸이 더 사랑스러울 때가 많아요."
"낳은 아들과 입양한 딸이 차별이 전혀 없었습니까?"
"전혀 없어요. 똑같다고 보면 됩니다."
"네...."
"입양한 딸이 노는 것을 보면 얼마나 기쁜지 형언할 수 없어요."
"정말이요?"
"그렇다니까요. 내가 저 아이의 아빠가 되었다는 것이 얼마나 행복하고 기쁜지 몰라요."

"아 그래요...."

"입양한 딸아이를 기르면서 저는 하나님의 마음을 깊이 알게 되었습니다. 하나님의 마음을 드러내 보여주신 스바냐 3장 17절 말씀을 확신할 수 있게 되었습니다.

"우리를 향하여 기쁨을 이기지 못하여 하신다"는 말씀을 절절히 느낄 수 있었습니다. 우리도 하나님에게 입양된 아들들이잖아요. 아하, 하나님이 나를 이렇게 사랑하시겠구나! 그리고 나를 향해 기쁨을 이기지 못하여 하시겠구나!"

"사모님도 목사님과 같은 마음인가요?"

"제 아내는 제 딸을 저보다 더 좋아해요."

"아들들은요?"

"아들들도 너무 좋아합니다. 낳은 자식이나 입양한 자식이 이렇게도 똑같을 줄 저희도 몰랐어요."

하나님은 입양된 우리에게 이렇게 말씀하신다.

> 너의 하나님 여호와가 너의 가운데에 계시니
> 그는 구원을 베푸실 전능자이시라
> **그가 너로 말미암아 기쁨을 이기지 못하시며**
> 너를 잠잠히 사랑하시며
> **너로 말미암아 즐거이 부르며 기뻐하시리라 하리라**
> (습 3:17)

"너는 나의 기쁨이야!"
"너는 나의 즐거움이야!"

우리가 하나님의 기쁨이 되는 근거는 우리들의 수준이나 우리들의 능력에 근거한 것이 아니다. 순수하게 하나님의 사랑에 근거한다. 우리가 예쁜 짓을 하니까 하나님에게 기쁨이 되는 것이 아니다. 오직 아버지와 아들의 혈연적인 관계에 근거하게 되며 순수한 하나님의 사랑에 근거한다.

"너는 나의 기쁨이야!"

우리를 향한 이 마음은 변하지 않는다.

하나님의 행복!
교회 행복!
우리 행복!

chapter 6
너는 나의 행복이야

우리들의 행복과 하나님의 행복을
분리할 수 있을까...?
"기쁘게 잘 지내라"
"자주 만나자"
"늘 행복해라"
이것이 아버지 마음인 것을...

    지혜가 무엇일까? 지혜라는 말처럼 폭넓고 깊이가 깊은 말은 없을 것이다. 하나님은 성경을 통해 '지혜란 듣는 귀이며 분별력'이라고 말한다. 분별력은 선택을 잘하는 것으로 드러난다.
    세상에 태어나 가장 선택을 잘한 것이 있다. 그것은 내가 예수님을 선택한 일이요, 목회를 선택한 일이다. 많은 사람이 목회를 힘들다고 기피한다. 그러나 내가 해보니 목회처럼 행복하고 보람된 일이 없는 것 같다.
    목회는 종합예술과 같아서 다양한 능력과 소양이 있어야 하는 것만은 사실이다. 좋은 성품, 리더십, 노래, 티칭, 행정능력 등 많은 테크닉을 필요로 한다. 그리고 사람을 구원하여 복되게 세워가는 일이 어찌 쉬울 수 있겠는가? 그래도 나는 목회가 행복하다.

  목양하는 목사를 가장 행복하게 하시는 분은 물론 하나님이시고 복음이다. 다음으로 목사를 행복하게 하는 이들은 바로 교인들인 것 같다.

  상하고 찢긴 영혼들이 복음안에서 행복한 궁전으로 변하는 모습을 볼 때보다 더 행복한 순간은 없을 것이다. 죄와 허물로 눌린 사람들이 복음의 능력과 성령의 역사로 하나님의 나라로 세워지는 모습을 볼 때마다 감격하지 않을 수 없다. "이보다 더 행복하고 보람된 일이 또 있을까?"라는 생각이 자주 든다.

  우리 교회를 잘 섬기다가 가정 사정에 따라 서울로 이사 가신 한 권사님으로부터 문자가 왔다.

  안녕하세요? 목사님!!
  주일 아침이 되니 목포사랑의 교회가
  너무 생각납니다.
  교회를 어디로 갈까~
  망설이는 모습이
  길 잃은 어린 양 같다는 생각이 드네요...
  아직 짐 정리도 다 안 되었는데 몸살은 나고~
  몸이 너무 힘이 들어
  오늘은 가까운 데 집 옆에 있는

교회에 가서 예배를 드렸어요.
목포사랑의교회가 너무나 생각이 났어요.
축제 같은 행복한 예배~
성령 충만한 예배~
꿀송이보다 더 달고 맛있는 목사님의 설교말씀~
가슴속 깊은 곳까지 터치하는 말씀~
성도들의 아멘소리~
사랑하는 사람들~
벌써 이렇게 그립네요.
제가 우리 사랑의교회에서
얼마나 행복한 신앙생활을 하면서 행복했었는지
지금도 그 생각하면
너무나 행복하고 감사할 뿐입니다^^
따뜻한 목사님의 사랑~
늘 어머니처럼 기도해주시는 사모님~

2015년 10월 18일 오후 2시 16분

문자를 한 자 한 자 읽어내려 가면서 내 마음이 행복했다. 그리고 그 권사님이 참 좋은 교회를 만나 그 행복이 계속 이어지기를 기도했다.

창세기와 요한복음을 연결하여 우리를 하나님의 아들로

재창조해 가시는 하나님에 대해 말씀을 전한 주일예배 후 월요일에 받은 집사님의 문자를 소개한다.

> 안녕히 주무셨어요?
> 새 창조의 눈으로 보니까
> 세상이 아름답기만 합니다.
> 또 사람들의 모습에서도 하나님 형상이 느껴집니다.
> 창세기와 요한복음을 연결해서 보니
> 천지창조 그림이 떠오릅니다.
> 하나님 아버지의 사랑과
> 인간의 간절한 바람이 만났을 때의
> 그 감격이 연상이 되요.
> 제 안에도
> 이런 재창조의 역사가 이루어짐이 기기묘묘해요.
> 그래서 항상 감사하고
> 그 은혜를 어떻게 갚을 수 있을까,
> 갚을 수 없는 은혜이기 때문에 누리고 전합니다.
> 좋은 것을 항상 나누고 싶습니다!
>
> 2015년 10월 19일 오전 10시 54분 이 OO 집사

이 문자를 읽는 순간 복음으로 행복을 만끽하며 살아가는 모습이 내 마음을 행복으로 물들여 주었다. 설교자로서

보람을 느끼고 목회자로서 행복했었다. 그렇다. 목회자의 행복은 교인들에게 달려 있다. 교인들이 행복하면 목회자도 행복해진다. 그러나 교인들이 힘들어하면 목회자의 마음은 불편해진다. 이것은 분리할 수 없는 목자와 양의 관계인 것이다.

원죄와 자범죄로 오염된 사람도 그러한데 죄가 없으신 순수한 성품을 지닌 하나님은 얼마나 더하시겠는가? 우리들의 행복과 하나님의 행복을 어찌 분리할 수 있겠는가?

하나님은 우리 모두에게 이렇게 말씀하신다.

"너는 나의 행복이란다."

하나님께서 내게 허락하신 선물 중에 남매가 있다. 첫째가 아들이고 둘째가 딸이다. 딸은 결혼하여 남편과 함께 이태리에서 산다. 밀리 떨어진 곳에 있지만, 전화로 자주 통화한다. 통화할 때마다 잘 지내는지 늘 살피게 된다. 신앙생활은 잘하는지? 싸우지나 않는지? 건강은 좋은지?

결혼하기 전보다 더 행복하게 잘 지내는 것 같아서 마음이 놓인다. 아무리 먼 곳에 살아도 그들이 행복하게 지내는 것 같아 먼 곳에 산다는 느낌이 들지 않는다. 만약 가까운 곳에 살아도 그들이 서로 힘들게 살아가고 있다면 어떤 느낌일까?

아무리 먼 곳에 살아도 그들이 행복하게 지낸다면, 공간적 거리가 아무리 멀어도 그것은 큰 의미가 없는 것은 아닐까? 거리가 아니라 삶의 질이 중요하다.

자녀들을 키우면서 하나님의 마음을 많이 알게 되었다.

"아하! 하나님도 나와 같은 마음이시겠구나!"

이런 생각이 들 때마다 하나님의 음성이 내 영혼을 감싸는 것을 느낀다.

"너는 나의 행복이란다."

부모에게서 자식은 참으로 소중한 존재임이 분명하다. 부모는 고통스러워도 자식이 행복할 수만 있다면 그 어떤 아픔도 이겨낼 수 있다. 자식을 향한 부모의 마음은 오직 행복이다. 바로 이 마음이 하나님 마음이다. 하나님은 우리 모두에게 말씀하신다.

"너는 나의 행복이란다."

우리는 자녀들을 만날 때나 전화로 통화할 때 가장 먼저 묻는 말이 있다.

"그 동안 잘 지냈니?"

헤어질 때나 통화를 마칠 때 항상 하는 말이 있다.

"잘 지내라."

이런 말을 주고받을 때마다 하나님 아버지 생각이 난다.

"아하! 이 마음이 나를 향한 하나님의 마음이시구나!"

이러므로 하나님은 우리에게 이런 말씀을 자주 하신다.

항상 기뻐하라
쉬지 말고 기도하라
범사에 감사하라
(살전 5:16-18상)

항상 기뻐하라는 말씀은 "기쁘게 잘 지내라", 쉬지 말고 기도하라는 말씀은 "자주 만나자", 범사에 감사하라는 말씀은 "늘 만족한 마음으로 행복을 누리며 살라"는 말씀이었다. 이런 삶이 너희를 향한 나의 뜻이라고 하신 것은, 이것이 너희를 향한 내 마음이라는 것이다. 이 말씀을 묵상할 때마다 내 영혼에 속삭이는 하나님의 음성이 느껴진다.

"너는 나의 행복이란다."

나는 너를 통해...

chapter 7
너는 나의 꿈이야

노아도, 아브라함도, 모세도, 다윗도,
솔로몬도, 베드로도, 바울도
나의 꿈이었듯이
너는 나의 꿈이란다.
너를 통해 꿈을 이루고 싶단다.
세상을 구원할 나의 꿈...!!

아담과 하와가 하나님을 향해 등을 돌리고 하나님 곁을 떠나 사단의 종이 되어 죄의 바다와 저주의 늪에 빠져 있을 때 하나님은 그들을 끝까지 찾아가신다. 그리고 배신한 자식이지만 "아담아! 네가 어디 있느냐?" 하고 찾으신다. 하나님의 음성을 외면하고 숨기 위해 도망치는 아담이지만 하나님은 포기하지 않으셨다. 계속해서 목이 타도록 애타게 부르셨다. "아담아! 네가 어디 있느냐?" 끝까지 찾아가셨다.

찾고 찾다가 만난 아담에게 "아담아, 나의 하나밖에 없는 외아들을 세상에 보내어 죄와 저주를 대신 처리하도록 하는 통로로 삼겠다(창 3:15)"고 하신다. 당신의 품을 떠난 자식임에도 불구하고 "아담아, 나는 너를 통해 여인의 후손을 세상에 보낼 것이다. 너를 통해 세상을 구원할 메시아를 보낼 것이다. 그러므로 너는 내 꿈을 이룰 내 꿈이란다"라고 하신 것이다.

아담의 범죄 이후 세상에 죄가 가득 찼을 때 하나님은 사람 지으셨음을 한탄하셨다. 이런 세상을 물로 심판하실 때 노아와 그 가족에게 배를 준비하게 함으로 그들의 가족과 가축들의 암수를 홍수의 심판 가운데서 살리신다. 그 이유가 무엇인가? 바로 여인의 후손으로 보내실 메시아가 오는 통로로 삼기 위해서다. 이런 측면에서 보면 노아와 그 가족들은 하나님의 구원계획을 이루기 위한 하나님의 꿈이었음을 알 수 있다.

노아의 심판 후에도 사람들은 더욱더 사악해져 갔다. 창세기 11장에서는 바벨탑을 높이 쌓은 후 그들의 이름을 내자고 했다. 인간들의 죄악이 극치를 이룬 것이다. 그럼에도 불구하고 하나님은 다음 12장에서 여인의 후손으로 메시아를 보낼 민족공동체를 이룰 씨앗으로 아브라함을 선택하신다. 그리고 말씀하신다. "땅의 모든 족속이 너로 말미암아 복을 얻을 것이라(창 12:3하)." 이 말을 다르게 표현하면 "너는 땅의 모든 족속을 복되게 할 나의 꿈이란다"라는 말이다.

아브라함 이후에 하나님이 사용하셨던 셀 수 없는 사람들이 있었다. 이삭, 야곱, 요셉, 모세, 여호수아, 사무엘, 다윗, 솔로몬.... 이 모든 이들은 그들의 꿈을 이룰 자들인가? 아니다. 이들은 하나님의 꿈을 이룰 자들이었다. 하나님은 구약의 모든 인물들을 향해 이렇게 말씀하신다. "너는 나의 꿈이란다."

신약에 들어와서도 마찬가지다. 베드로를 부르신 예수님은 베드로에게 이렇게 말씀하신다. "나를 따라 오너라. 내가 너로 사람을 낚는 어부가 되게 하리라." 이 말은 "나는 너를 통해 수많은 사람을 구하여 내겠다"는 선언이다. 이 말을 달리 표현하면 이렇다. "너는 많은 영혼을 구원할 나의 꿈이다!" 이 얼마나 영광스런 표현인가?

예수님은 제자들을 세우셨다. 그리고 그들에게 대사명을 주셨다.

> 그러므로 너희는 가서
> 모든 민족을 제자로 삼아
> 아버지와 아들과 성령의 이름으로 세례를 베풀고
> 내가 너희에게 분부한 모든 것을 가르쳐 지키게 하라
> 볼지어다 내가 세상 끝날까지
> 너희와 항상 함께 있으리라 하시니라
> (마 28:19-20)

이 말씀을 주의깊게 생각해 보라. 모든 민족을 제자로 삼

는 꿈이 누구의 꿈인가? 그리고 이 꿈을 이룰 자들이 누구인가? 이 꿈은 바로 하나님의 꿈이며 이 꿈을 이룰 자들이 곧 제자들이라면 이 제자들은 누구의 꿈인가? 바로 하나님의 꿈인 것이다. 하나님은 이들에게 말씀하신다. "너는 나의 꿈이란다." 이 책을 읽고 있는 당신은 어떤가?

사도행전 1장 8절을 보라.

> 오직 성령이 너희에게 임하시면
> 너희가 권능을 받고 예루살렘과 온 유대와
> 사마리아와 땅 끝까지 이르러
> 내 증인이 되리라 하시니라
> (행 1:8)

내게 임하신 성령님은 나를 어떻게 이끄시는가? 내가 서 있는 곳으로부터 땅끝까지 이끄신다. 이렇게 이끄시는 이유가 무엇인가? 바로 세계 복음화다. 세계 복음화의 꿈은 누구의 꿈인가? 성부 하나님의 꿈이요, 성자 예수님의 꿈이요, 성령 하나님의 꿈이다. 그러므로 성령의 임재를 경험한 모든 사람은 하나님의 꿈이 되는 것이 아닌가? 이 얼마나 감격스러운 은혜인가!

"너는 세상을 구할 나의 꿈이란다."

『기도의 전성기를 경험하라』는 책을 통해 밝힌 이인호 목사님의 글을 소개한다. 그가 처음 성경을 읽을 때 성경의 모든 내용이 하나님이 자신을 사랑하는 '러브 스토리(Love Story)'였다고 한다. 그러나 계속해서 성경을 읽다 보니 성경은 '러브 스토리'를 넘어 '드림 스토리(Dream Story)'라는 사실을 깨달았다는 내용이다.

러브 스토리가 드림 스토리로

전에는 성경이 단지 나를 향한 러브스토리로 보였다. 그런데 이제 하나님의 마음을 알고 나니 성경은 하나님의 꿈 이야기였다. 성경은 쿵쾅거리는 심장 소리를 담은 하나님의 꿈이었고 거친 숨소리로 들리는 하나님의 사업 이야기였다.

나는 수 대에 걸쳐서 거대한 기업을 이어가는 기업가의 가문에 태어난 존재였다. 삼성가의 자손들처럼 거대한 기업을 경영하는 집안의 자녀로 태어난 것이다. 믿음의 조상 아브라함을 불러 그를 통해서 큰 민족을 이루겠다고 하신 이후로부터 지금까지 그 후손들을 통해서 거대한 하나님 나라의 사업이 이어지고 있다.

성경은 그 사업의 매뉴얼이다. 예수님의 핏 값으로 이미 사업 자금을 치렀고 수많은 조상들이 인생을 거기에 투자하여 장차 받을 이익배당금을 기다리고 있다. 나는 바로 그 거대한 사업가의 집안에 태어났고, 그동안 하나님은 나를 그러한 당신의 사업가로 부르셨다. 내가 하나님의 마음을 이해하고 하나님의 꿈과 사업에 나의 삶을 온전히 드리기로 하니 모든 것이 달라졌다.

예수님은 우리에게 이렇게 말씀하신다.

> 너희는 세상의 빛이라
> (마 5:14상)

사람들은 흔히 이 말씀을 "빛이 되라"고 오해한다. "빛이라"고 하셨지 "빛이 되라"고 하시지 않으셨다. "너희는 세상의 빛이라"는 말씀은 "네가 바로 흑암 속에 있는 하나님의 나라다", "네가 바로 내 아들이다", "네가 바로 어두운 세상을 밝힐 나의 희망이다", "네가 바로 세상을 구원할 나의 꿈이다"는 말씀이다.

하나님의 꿈을 이루기 위해서 예수님은 이 땅에 오셨다. 예수님은 십자가에서 우리의 모든 죄와 저주를 구속하셨다. 부활하신 예수님은 성령님과 함께 세상을 구원하시는 하나님의 꿈을 지금도 이루어가고 계신다.

사람을 구원하는 일에 예수님은 우리를 부르셔서 함께 하기 원하신다. 그리고 우리 모두에게 예수님은 자신과 동일한 신분을 허락하신다. 그 신분이 무엇인가?

> 그러나 너희는 택하신 족속이요

> **왕 같은 제사장**들이요
> 거룩한 나라요 그의 소유가 된 백성이니
> 이는 너희를 어두운 데서 불러내어
> 그의 기이한 빛에 들어가게 하신 이의
> **아름다운 덕을 선포하게 하려 하심이라**
> (벧전 2:9)

왕 같은 제사장이라는 신분이다. 왕권과 제사장권을 함께 지니신 분은 성경에 두 분밖에 없다. 한 분은 멜기세덱이요(창 14:18), 또 한 분은 예수님이시다. 그런데 멜기세덱은 왕 같은 제사장으로 오실 예수님을 보여주는 그림자로 등장한 인물이다. 실질적으로 왕 같은 제사장은 오직 예수님 한 분 뿐인 것이다. 그런데 놀랍게도 예수님은 당신의 영광스런 신분으로 복음 안에 성령의 임재를 경험한 우리 모두에게 "너희가 바로 왕 같은 제사장이다"라고 우리를 칭하고 계신 것이다. 이 말씀의 의미가 무엇인가? "네가 바로 나의 동역자다. 너는 나와 함께 하나님의 꿈을 이룰 하나님의 꿈이다"는 말이다.

성경은 이 사역에 대해 더 구체적으로 말씀하고 계신다.

> 이 은혜는 곧 나로 이방인을 위하여
> 그리스도 **예수의 일꾼**이 되어
> 하나님의 **복음의 제사장** 직분을 하게 하사
> **이방인을 제물로 드리는 것**이
> 성령 안에서 거룩하게 되어 받으실 만하게 하려 하심이라
> (롬 15:16)

바울은 예수님의 일꾼이 되어 복음의 제사장 직분을 행함으로 이방인을 구원하여 하나님의 품에 안겨 드리는 사역이 은혜라고 말한다. 왜 이것이 은혜인가? 생각하면 할수록 묵상하면 할수록 이것은 은혜임이 분명하다.

누군가가 죽음의 위기 속에서 당신 때문에 살아난 경험이 있는가? 이것보다 기쁘고 보람된 일은 없을 것이다. 사람을 구원하는 일보다 더 귀하고 행복하고 보람된 일은 세상에 없을 것이다.

하나님은 오늘도 나에게 이렇게 말씀하신다.

"노아도, 아브라함도, 모세도, 다윗도, 솔로몬도, 베드로도, 바울도 세상을 구원하기 위한 나의 꿈이었듯이 너도 나의 꿈이란다."

"너의 시아버지를 구하는 것이 나의 꿈이란다.
그 꿈을 나는 너를 통해 이루고 싶단다."
"너의 남편을 구원하는 것이 나의 꿈이란다.
그 꿈을 나는 너를 통해 이루고 싶단다."
"너의 자녀들을 구하는 것이 나의 꿈이란다.
그 꿈을 나는 너를 통해 이루고 싶단다."
"너의 형제들을 구원하는 것이 나의 꿈이란다.
그 꿈을 나는 너를 통해 이루고 싶단다."
"너는 나의 꿈이란다."

얼마 전에 시집가서 이태리에서 사는 딸이 임신 소식을 전해 왔다. 출가한지 2년이 지난 뒤라서 그런지 말로 할 수 없을 정도로 기뻤다. 그 순간 이런 생각이 문득 스쳐 갔다.

"아하! 한 영혼을 구원하기 위해 태신자로 가슴에 품고 예수님의 심정으로 기도를 시작할 때 하나님도 이렇게 기뻐하시겠구나!"

아마 하나님은 나보다 더 기뻐하실 것이 분명하다. 그 태신자가 거듭나는 날 하나님은 그 기쁨을 이기지 못하여 하실 것이다(눅 15:7,10,32). 기뻐 춤추실 것이 눈에 보인다.

세상을 구원할 하나님의 꿈을 이루기 위해 하나님의 꿈으로 살았던 바울의 고백이 나의 고백이 되기를 소망해 본다.

> 전제와 같이 내가 벌써 부어지고
> 나의 떠날 시각이 가까웠도다
> 나는 선한 싸움을 싸우고
> 나의 달려갈 길을 마치고 믿음을 지켰으니
> 이제 후로는 나를 위하여 의의 면류관이 예비되었으므로
> 주 곧 의로우신 재판장이 그 날에 내게 주실 것이며
> 내게만 아니라
> 주의 나타나심을 사모하는
> 모든 자에게도니라
> (딤후 4:6-8)

하나님의 꿈으로 살다가 이 노래처럼 면류관의 주인공이 되고 싶다. 그리고 승리의 함성과 함께 환희의 노래를 부르

며 그 면류관을 다시 벗어 예수님께 드리고 싶다.

    선한 싸움 다 싸우고
    의의 면류관
    의의 면류관
    받아쓰리라
    선한 싸움 다 싸우고
    의의 면류관
    예루살렘 성에서
    면류관 받으리
    저 요단강 건너
    우리 싸움 마치는 날
    의의 면류관 예루살렘성에서

그러므로 너는 내 꿈을 이룰 내 꿈이란다.

chapter 8
너는 나의 종이야

주인은 종을 살리기 위해 희생한다.
종은 주인의 그늘 아래서
진정한 쉼과 자유를 누린다.
"걱정 마! 너는 나의 종이니까!"

하나님은 우리의 주인, 우리는 그의 종들이다. 이 사실에 대해 오해하는 분들이 많은 것 같다.

역사적으로 포악한 군주는 백성들을 착취해 왔다. 자본주의 사회에서 악한 기업주들은 종업원들의 노동력을 이용해서 그들의 배를 불려왔다.

우리가 사는 사회에서는 주인을 갑으로, 종을 을로 표현한다. 그리고 갑은 을의 노동력을 이용해서 자신의 배를 채우고 늘 을을 괴롭히는 존재로 등장한다. 우리의 주인 되신 하나님도 그러실까?

세상 문화에서 종은 오로지 주인을 위해서 존재한다. 주인을 위해 종들이 희생한다. 그러나 성경을 통해서 계시된 주인 되신 하나님은 종을 위해 희생하시는 분으로 등장한다. 종을 구원하기 위해 스스로 종이 되신다. 섬기는 종으로 오신 예수님은 자기의 몸을 제물로 드려 종을 살리신다. 주인 되신 하나님은 종을 구원하기 위해 가장 소중한 아들을 내어놓으신다.

성경을 오해하는 일부 설교가들은 하나님은 주인이고 우리는 종이기에 소유권도 주장할 수 없고 오직 주인의 것을 맡아 주인의 뜻대로 관리해야 하는 청지기일 뿐이라고 말한다. 물론 틀린 말은 아니다. 하나님은 주인이시고 우리는 청지기다. 그러나 이 사실을 삶에 적용하면서 자칫 잘못하면 율법적으로 접근하여 복음으로 회복된 하나님 아들의 신분을 누리며 살지 못하게 하는 함정에 빠질 수 있다.

하나님은 우리를 인격적인 존재로 창조하셨고 우리 모두에게 자유의지를 주셨다. 그리고 우리를 인격적으로 대하고 계신다.

바울은 자신을 "예수 그리스도의 종 바울"(롬 1:1)이라고 하고, 야고보도 "예수 그리스도의 종 야고보"(약 1:1)라고 하고, 유다도 "예수 그리스도의 종이요 야고보의 형제인 유다"(유 1:1)라고 한다.

이들 모두는 예수 그리스도의 종이 된 것에 대해 자랑스러움과 감격을 표현한다. 억압된 멍에의 개념은 찾아볼 수 없다. 예수 그리스도의 종이 된 영광스러움이 그들 내면에서 뿜어져 나온다. 마태복음 25장 21절에서 종은 주인의 즐거움에 참여할 자였다.

주인과 종은 신분개념일까? 역할 개념일까? 주인 되신 하나님은 우리를 종으로 대하실까? 아니면 아들로 대하실까?
하나님과 우리의 신분관계는 아버지와 아들이다.
하나님과 우리 사이에 친밀한 우정적 관계를 드러내기 위해 친구와 벗이라고 관계 언어를 사용하듯이 하나님을 주인으로 우리를 종으로 표현한 것은 '역할 개념'을 강조하기 위함이다. 종을 책임지는 존재가 주인이라는 점을 강조하기 위함이다.
성경이 말하는 주인은 종을 안전하게 지키고 보호하는 존재를 말한다. 그리고 종은 주인을 위해 멍에를 메고 고생하는 종의 개념이 아니다. 성경은 주인의 그늘 아래서 진정한 쉼과 자유를 누리는 존재가 종임을 드러낸다.

성경이 말하는 주인과 종의 관계는 세상 문화로 갑질하는 주인이 아니다. 종들의 노동력을 착취해서 주인의 배를 불리는 주인이 아니다. 성경이 말하는 주인은 종을 살리기 위해 오히려 주인이 희생한다. 주인의 성실한 사랑과 책임 있는 행동으로 종들을 구하고 안전하게 지키고 보호하시는 주인 되신 하나님을 드러내 보이신다.

오래전 일이다. 지금의 예배당을 건축할 때 교회 경상예산이 9억 정도 되었다. 우리 힘으로 지을 수 있는 건물 규모가 연건평 1,500평이었다. 그런데 어떻게 하다 보니 3,393평으로 늘어나 버리고 말았다. 건축비용이 125억이었다. 사람이 보기에는 불가능하게 보였다. 물론 내가 보기에도 불가능해 보였다. 건축위원회 총무가 나를 만나자고 하더니 심각하게 말했다.

"목사님, 건축계획은 잘 진행되고 있습니다. 그런데 자금 계획은 어떻게 세우셨습니까? 제일 중요한 것이 자금 계획입니다. 자금 계획이 세워지지 못하면 건축이 어떻게 되겠습니까? 걱정되어 묻습니다."

한 마디도 틀린 말이 아니었다. 한 대 얻어맞은 기분이었다. 여기서 합리적인 대답을 하지 못하면 공사가 중단될 것이 뻔했다. 조용히 내 안에 계신 예수님께 묵도함으로 기도했다.

"주님, 제가 어떻게 대답해야 할까요?"

내 안에 계신 주님이 말씀하셨다.

"이 교회 대표이사가 누구냐?"

"예수님이시죠."

"자금 계획은 종이 세우냐? 대표 이사가 세우냐?"

그 순간 나는 종의 놀라운 자유를 발견했다. 자금 계획은 종이 세우는 것이 아니었다. 주인이 세우는 것이다. 하나님의 주되심이 나를 이렇게 편하게 하는 줄 몰랐다. 나는 그때 주인과 종의 관계가 신분 관계가 아니라 책임지는 주인과 그 주인 앞에서 자유로운 종의 관계임을 발견하게 되었다. 나의 주인은 신실하셨다. 빈틈없이 책임져 주셨다. 그 뒤 "주님!"이라고 부를 때마다 얼마나 편한지 모른다.

환자에게 감동받은 어느 의사의 글이다.

어느 의사가 한 환자가 너무 존경스러워 그분에 대한 글을 썼다. 죽을병에 걸려 중환자실에 입원해 있는 그 환자는 오늘 죽을지 내일 죽을지 모르는데 늘 그 마음에 평안함이 넘치고 얼굴에 웃음이 가득하였다. 의사는 그분이 자신의 병이 무엇인지 몰라서 그렇게 평안한 줄 알고 물었다.
"부인, 부인이 무슨 병에 걸렸는지 아세요?"
"알고 말고요."
"그런데 어떻게 그렇게 평안하세요?"
부인이 얼굴에 환한 미소를 지으며 말했다.
"의사 선생님, 내 병은 나보다 주님께서 더 잘 알고 계세요. 그리고 내 사명이 끝났는지 안 끝났는지를 우리 주님께서 알고 계세요. 내 사명이 끝났으면 나는 죽습니다. 그러나 내 사명이 끝나지 않았으면 나는 죽지 않습니다. 내 주님께서 알아서 하실텐데 내가 왜 걱정을 합니까?"

이렇듯 종은 자신을 책임져 주는 주인의 역할을 통해 안녕을 누리며 사는 존재다.

우리 주변에서 흔히 볼 수 있는 일이다. 주인은 일감을 찾기 위해 동분서주한다. 종업원은 주인이 시키는 일만 성실히 하고 있으면 된다. 주인의 머리는 항상 무겁다. 직원 관리하고, 일감 찾으려고 동분서주하고, 어음 막으려고 이리저리 달려가고, 직원들 월급 주기 위해 돈 빌리러 은행으로 달려간다. 이것이 바로 주인의 개념이다.

마귀 닮은 주인은 종들의 노동력을 이용해서 자신의 배만 채운다. 그러나 하나님을 닮은 주인은 직원들을 위해 더 열심히 뛴다. 그리고 직원들의 가족까지 돌본다. 그러므로 좋은 주인을 만난 종들은 주인 때문에 늘 안식을 누린다. 늘 편안하다. 주인의 그늘이 안식처다. 그리고 좋은 주인 때문에 오늘도 내일도 걱정이 없다. 이런 측면에서 하나님이 다정하게 말씀하신다. "걱정 마! 너는 나의 종이야!"

한 걸음 더 나아가 놀라운 사실이 있다. 주인 되신 하나님 때문에 아브라함의 얼굴이 빛나고 있지 않은가? 요셉의 얼굴이 빛나고 있지 않은가? 다윗의 얼굴도, 바울의 얼굴도 다 누구 때문에 빛나고 있는가? 모두가 주인 되신 하나님 때문이다. 주인 되신 하나님께서 터전을 잡아 주시고, 멍석 깔아 주시고, 울타리가 되어 주시고, 일을 더 잘할 수 있도록 모든 여건을 조성해 주심으로 결국 종의 얼굴이 드러나게 된다. 이것이 남 이야기인가? 아니다. 바로 내 이야기다. 주인 되신 하나님은 종을 빛나게 하시는 분이다. 주인의 모든 능력을 종에게 부어주시고 자신의 얼굴을 감추실 때가 많다. 세상에서 가장 훌륭하고 아름다운 주인은 하나님이시다. 나의 주인은 자신의 얼굴을 스스로 숨기시고 종을 드러내시는 분이기에 우리는 오직 주인 되신 하나님을 드러내는 것이 아닌가?

나의 주인 하나님에게는 비정규직도 없다. 구조조정으로 명퇴시키지 않는다. 이 사실을 생각하면 눈가에 감사의 눈물이 줄줄 흐른다.

> 이는 만물이 주에게서 나오고
> 주로 말미암고
> 주에게로 돌아감이라
> 그에게 영광이 세세에 있을지어다 아멘
> (롬 11:36)

"주여!"라고 부를 때마다 주인의 신실하심과 주인의 사랑이 가슴에 흘러내린다. 내가 나의 주인이라면 얼마나 허약한 존재인가? 그러나 나의 주인은 만주의 주이신 하나님이시다. 그래서 나는 약하지 않다. 가난하지 않다. "주여!"라고 부를 때마다 빈민의식과 허약의식이 사라지기 때문이다. 골리앗을 향해 달려가는 다윗의 마음이 바로 이 마음이었을 것 같다. 다니엘이 사자굴 앞에서 눈하나 깜짝하지 않은 이유도 주인 되신 하나님 때문이었을 것이다.

일점일획도 오차가 없고 실수가 없으신 분이 나의 주인이시기에 환경을 초월해서 진정한 평안을 누릴 수 있는 것이 아닌가? 하나님이 나의 주님이라서 나는 너무 좋다. 그리고 든든하다. 늘 그 주인의 그늘에서 안식할 수 있기 때문이다.

항상 변함없이 든든하게 뒷바라지해 주시는 주님, 아낌없이 후원해 주시는 주님, 나는 이 주님 때문에 험한 세상을 향해 도전할 수 있다.

세상 흔들리고 전쟁의 소리가 들려도 내가 안전한 안식처에서 하나님 나라를 살 수 있는 이유는 만물이 주에게서 나오고 주로 말미암기 때문이다.

성경이 하나님을 주인이라고 말하는 이유는 바로 이런 이유에서다. 성경에서 말하는 주인은 종들을 억압하고, 갑질하고, 종들을 괴롭히는 주인이 아니다. 종들을 안전하게 보호하는 그늘이며, 종들을 아낌없이 후원함으로 종을 살맛나게 만들어주는 주인이다. 그 주인은 하나님 아버지다. 그 주인은 우리를 종으로 대우하지 않는다.

"주여!" 라고 부를 때마다 나의 깊은 곳에서 흘러나오는 노래가 있다.

아 하나님의 은혜로 이 쓸데없는 자
왜 구속하여 주는지 난 알 수 없도다.
내가 믿고 또 의지함은 내 모든 형편 잘 아는 주님
늘 보호해 주실 것을 나는 확실히 아네

하나님이 나의 주님이라서 나는 너무 좋다.

Story 4

01. 회복된 신분을 누리며 사는 사람들
02. 회복된 신분을 누리지 못하는 안타까운 사람들
03. 회복된 신분을 누리지 못하는 바보들
04. 회복된 신분을 누리지 못하게 하는 올무
05. 회복된 신분을 누리지 못하게 하는 덫

The heart of God

STORY 4

회복된 신분을
어떻게 누리며 살까?

chapter 1
회복된 신분을 누리며 사는 사람들

바로 여기!
왕자권을 누리며 사는
하나님의 아들이 있다!

복음으로 회복된 존재가치가 얼마나 대단할까? 성부 성자 성령 삼위일체 하나님의 사역의 열매로 주어진 은혜가 바로 복음으로 회복된 신분이다. 그 가치를 무엇으로 비교할 수 있겠는가?

아이들이 어렸을 때 늘 와서 내게 "100원만" "100원만" 하였다. 1,000원짜리 지폐를 주어도 싫다고 했다. 내 아이에게는 100원이 세상에서 제일 귀한 돈이었기 때문이다. 물론 지금은 그렇지 않다. 100원보다 더 큰 가치를 알기 때문이다.

복음으로 회복된 가치를 아는 그리스도인들은 세상 사람들이 가치 있다고 생각하는 것들을 분토처럼 여기는 것을 보게 된다.

아브라함과 이삭

아브라함은 하나님의 아들의 가치와 하나님의 동역자의 가치와 하나님 나라의 가치를 아는 자였다. 그리스도와 함께 유업을 이을 상속의 가치를 아는 자였다. 아브라함으로 말미암아 땅의 모든 족속을 복되게 하는 동역의 가치와 하나님의 꿈의 가치를 아는 자였기에 그는 이삭을 제물로 드릴 수 있었고 이삭도 자기 자신을 제물로 드리는 것에 대해 주저하지 않았다. 이것이 바로 존재가치를 아는 사람들의 멋진 삶이다.

모세

모세는 레위 족속에 속하며, 아버지 아므람과 어머니 요게벳의 아들이며, 그 밖에 형 아론과 누이 미리암이 있다. 모세의 생애를 40년씩 세 부분으로 구분할 수가 있다. 즉, 애굽에 있어서의 생활, 아랍에서의 망명 생활, 이스라엘을 인도하던 기간이다. 요세푸스에 의하면 모세의 애굽에서의 생활은 BC 1520년경 헤리오폴리스(벧세메스)에서 출생함으로 시작된다. 그가 출생하였을 무렵에는 히브리인 사내아이가 태어나면 그들을 전부 죽이라는 칙령이 내려졌다(출 1:10, 16). 그러나 모세를 출산한 모세의 어머니는 석 달 동안이나 아이를 숨겼다. 그러나 더 이상 숨길 수 없으므로 그를 갈대 상자에 넣어 나일강 갈대 사이에 두었다. 그리고 그 누이 미리암을 부근에 남겨 두고 감시시켰다. 그때 바로의 딸이 목욕하러 강에 왔다가 그 갈대 상자를 발견하고 가져다가 열어 보았다. 그녀는 아이의 울음소리를 듣고 매우 측은히 여겨 그를 자신의 아이로 양육하기로 하였다. 그 아이가 히브리인의 아이인 것을 알았으므로 마침 가까이에 있던 미리암에게 히브리인 유모를 구하게 하였다. 그녀는 그의 어머니가 유모로서 아이를 기르도록 주선하였고, 이 아이는 바로의 딸의 양자가 되었다. 이때부터 모세는 애굽인으로서 양육되어 왕궁에서 성장하였는데 그 공주는 나중에 유명한 하트셉수트 여왕(BC 1501-1480)이 된다. 모세는 애굽 황실의 뒤를 이을 수도 있었던 양자였다.

그러나 모세는 공주의 아들이라는 신분보다 미디안 광야에서 양치는 목동의 신분을 선택했다. 궁중에서 죄악의 낙을 누리는 것보다 하나님의 백성들과 함께 고난받는 것을 더 좋아했다. 애굽의 모든 보화보다 그리스도를 위하여 받는 수모를 더 큰 재물로 여겼다. 그래서 모세는 그 모든 신분과 부요를 버리고 믿음으로 애굽을 떠나갔다(히 11:24-26).

이런 모세를 보는 대부분의 사람은 의아해 한다. 그러나 모세가 이런 행동을 할 수 있는 가장 큰 이유는 복음으로 회복된 자신의 존재가치를 알았기 때문이다.

느헤미야

느헤미야는 바벨론에 사로잡혀가 수산 궁에 있던 유대인으로서, 하가랴의 아들이다. 그는 바사 왕 아닥사스다 왕(BC 465-424)의 신임을 얻은 신하(酒官/황제와 가장 가까운 신하가 술 맡은 관원장이다)였다. 포로로 끌려간 그가 이 자리에 오르기까지는 쉽지 않았을 것이다.

그는 어느 날(BC 444년 12월 쯤) 예루살렘이 큰 환난을 당하여 능욕을 받으며 성벽은 훼파되고 성문들은 불탔다(느 1:3)는 소식을 듣게 된다. 그는 너무 슬퍼서 울면서 며칠 동안 금식하며 기도하였다.

그리고 그는 왕에게 유다 땅 열조의 묘실에 있는 성읍에 보내어 그 성을 중건하게 해달라고 간청한다(느 2:5). 느헤미야는 예루살렘 성벽 중건을 위해 자신의 모든 관직을 버린다. 장관으로서 받는 월급, 고급집무실, 그에게 부여된 모든 권세를 다 내려놓고 그는 먼지만 휘날리는 광야길을 나선 것이다.

느헤미야가 어떻게 이런 결단을 내릴 수 있었을까? 그는 세상의 신분과 권세보다 복음으로 회복된 신분의 가치를 알았기 때문이다. 하나님 아들의 존재가치와 하나님의 꿈으로서의 존재가치를 알았기 때문이다. 이 세상에 그 무엇을 주고도 바꿀 수 없는 것이 바로 복음으로 회복된 존재임을 알았기 때문이다.

그가 예루살렘을 향하여 결단을 내렸을 때 느헤미야의 주인 되신 하나님은 그와 함께 하셨고 성벽 중건에 필요한 물자를 차질 없이 공급해 주셨다. 그리고 성벽 중건을 시작한지 52일만에 완공하기에 이른다. 숱한 방해가 있었지만 주인 되신 하나님은 그를 빈틈없이 지키셨고 느헤미야를 통해 놀라운 일을 이루어 가셨다.

느헤미야에게 역사하신 주님은 오늘도 동일하게 역사하신다.

다니엘

다니엘은 유대 왕족으로서, BC 605년 바벨론 왕 느부갓네살에게 사로잡혀 간 소년 중의 하나이다. 왕은 다니엘과 그의 세 친구에게 바벨론 왕궁에서 교육을 받고 왕의 진미와 포도주를 먹게 했다. 그러나 다니엘과 세 소년들은 모세의 율법에 따라 이를 거절하고 채식을 했다. 이 네 소년은 다른 사람들보다 더 건강하였으며 학문과 재주가 10배나 더 탁월했다.

다니엘은 바벨론의 모든 도를 다스리는 총리가 되었다. 바벨론이 메대와 바사에게 망한 후에도 다니엘은 망하지 않았다. 참 희한한 일이다. 나라가 망하고 왕이 망해도 신하인 다니엘은 망하지 않았다.

바벨론을 점령한 메대의 황제 다리오가 나라를 차지하고, 방백 120명을 세워 점령한 모든 지역을 통치하게 했다. 다니엘을 그 위에 세운 총리 셋 중의 하나로 임명하였다. 다니엘은 이 세 총리 중에서 제일 뛰어나므로 왕이 그에게 전국을 다스리게 하려고 하자, 다른 총독과 방백들이 이를 시기 질투하여 고소할 책을 잡으려고 한다. 그러나 틈과 허물을 찾지 못하자 어떻게든 고소할 거리를 얻으려고 왕을 찾아간다. 왕은 결국 향후 30일 동안 누구든지 왕 외에 다른 신에게 기도하면 사자 굴에 던지겠다는 법령을 반포하게 된다.

> 다니엘이 이 조서에 왕의 도장이 찍힌 것을 알고도
> 자기 집에 돌아가서는 **윗방**에 올라가
> 예루살렘으로 향한 **창문을 열고** 전에 하던 대로
> **하루 세 번씩** 무릎을 꿇고
> 기도하며 그의 하나님께 **감사하였더라**
> (단 6:10)

다니엘은 사자굴의 위협 앞에서 전에 행하던 대로 기도했다. 기도 시간을 바꾸지도 않았다. 기도하는 장소도 바꾸지 않았다. 정해진 기도 시간에, 정해진 장소에서, 문을 활짝 열고 기도한다.

어떻게 이럴 수 있을까? 이것이 바로 다니엘의 믿음이었다.
"하나님, 나의 주인은 황제가 아니라 하나님입니다."
"하나님, 나는 기도가 내 생명보다 더 소중합니다."
"아버지와 교제 단절은 내게 죽음과 같습니다."

"하나님, 하나님과 함께라면 사자굴도 좋습니다."

"하나님, 나는 하나님의 아들입니다. 나는 하나님의 기쁨입니다. 하나님의 꿈입니다. 하나님의 동역자입니다. 복음으로 회복된 신분의 가치가 메대국의 총리의 신분보다 훨씬 더 좋습니다. 하나님 아버지와 함께라면 총리공관보다 사자굴이 더 좋습니다."

이런 믿음으로 나아가는 다니엘을 주인 되신 하나님이 어떻게 지키시고 보호하셨는가를 보라. 복음으로 회복된 신분의 가치가 세상 가치를 분토와 같이 여기게 한다. 이것이 바로 존재가치를 누리며 사는 그리스도인의 삶이 아닌가?

사드락, 메삭, 아벳느고

이들은 다니엘과 함께 동시대를 살았던 다니엘의 친구들이다. 이들은 공부할 때도 다니엘과 뜻을 같이하였던 자들이다. 다니엘의 요청 때문에 이들은 각 도를 다스리는 도지사가 되었다. 바벨론 느브갓네살 황제가 금신상을 만들어 놓고 각 방백들을 신상 앞에 절하게 할 때 이들은 절하지 않는다. 화가 난 황제가 다시 요구하였으나 이들은 거절하는데 뭐라고 거절하는가?

사드락과 메삭과 아벳느고가 왕에게 대답하여 이르되

> 느부갓네살이여 우리가 이 일에 대하여
> 왕에게 대답할 필요가 없나이다
> 왕이여 우리가 섬기는 하나님이 계시다면
> 우리를 맹렬히 타는 풀무불 가운데에서
> 능히 건져내시겠고 왕의 손에서도 건져내시리이다
> 그렇게 하지 아니하실지라도 왕이여
> 우리가 왕의 신들을 섬기지도 아니하고
> 왕이 세우신 금 신상에게 절하지도 아니할 줄을 아옵소서
> (단 3:16-18)

이 얼마나 멋진 고백인가? 어떻게 이런 고백이 가능한가? 이런 삶이 가능한가? 그 이유가 뭘까? 그것은 바로 복음으로 회복된 신분의 가치가 크기 때문이다. 복음으로 회복된 존재가치에 비하면 각 도를 다스리는 신분과 권세는 분토와 같기 때문이다. 그리고 주인 되신 하나님의 전능하심과 보호하심을 믿기 때문이다. 이것이 바로 예수 제대로 믿는 사람의 모습이 아니겠는가?

스데반

돌로 쳐 죽이려고 살기등등한 군중들 앞에 스데반의 얼굴을 보라.

> 공회 중에 앉은 사람들이
> 다 스데반을 주목하여 보니
> 그 얼굴이 **천사의 얼굴**과 같더라
> (행 6:15)

죽음을 바로 앞에 둔 사람의 얼굴이 어떻게 이런 모습일 수 있을까? 얼굴은 마음의 창이다. 표정은 바로 마음 상태를 보여주는 계기판과 같다. 천사의 얼굴 같다는 표현은 스데반의 평안하고 기쁜 내면을 드러내 보여준 표현이라고 할 수 있다.

하나님에 대한 원망이나 군중들에 대한 분노가 없다. 오직 감사와 기쁨이 있을 뿐이다. 이 얼마나 멋진 모습인가? 이런 모습을 띠도록 하는 것이 뭘까? 복음으로 회복된 존재가치요, 주인 되신 하나님의 책임지심에 대한 신뢰요, 그리스도와 함께 누릴 유업이요, 그리스도와 함께 낙원에서 누릴 미래가 확실하기 때문일 것이다.

스데반의 주인 되신 하나님은 스데반의 순교의 현장에서 바울과 같은 복음의 거목이 싹트게 하셨고, 선교하는 선교사들과 복음을 전하는 전도자들의 영성을 이끌어 갈 지도자로 스데반을 세워 주셨다. 실패하지 않도록 이끄시는 주인 되신 하나님을 찬양하지 않을 수 없다.

바울

많은 사람은 바울에게 예루살렘성에 들어가지 말라고 만류했다. 바울은 어떻게 하는가?

회복된 신분을 누리며 사는 사람들 299

> 오직 성령이
> 각 성에서 내게 증언하여
> 결박과 환난이 나를 기다린다 하시나
> 내가 달려갈 길과 주 예수께 받은 사명
> 곧 하나님의 은혜의 복음을 증언하는 일을 마치려 함에는
> 나의 생명조차 조금도 귀한 것으로 여기지 아니하노라
> (행 20:23-24)

바울은 사람들의 만류를 아랑곳하지 않고 갈 길을 간다. 가는 이유가 뭘까?

> 만일 너희 믿음의 제물과 섬김 위에
> **내가 나를 전제로 드릴지라도 나는 기뻐하고**
> 너희 무리와 함께 기뻐하리니
> (빌 2:17)

바로 복음을 전하기 위해서다. 복음을 전하는 일에 자기 자신을 전제로 드리고 싶었기 때문이다. 어떻게 이런 삶이 가능할까? 복음을 알면 가능하다.

바울은 결혼도 하지 않았다. 그의 몸은 질병으로 만신창이가 되어 있었다. 그는 거처할 집이나 그를 책임질 자녀도 없었다. 그래도 그는 외롭지 않았다. 그의 내면은 기쁨으로 가득했다. 그 이유가 뭘까? 복음 때문이다. 그리고 복음으로 회복된 자신의 존재가치 때문이다. 그는 누구 앞에서도 비굴하지 않았다. 언제나 강하고 담대했다. 그가 이렇게 살 수 있는 분명한 이유가 있다. 그는 하나님의 아들이었기 때문이다. 그는 하나님의 동역자였기 때문이다. 그는 그리스

도의 몸이었기 때문이다. 하나님이 그의 든든한 주인이었기 때문이다. 바울은 복음으로 회복된 존재가치를 100% 만끽하며 살았다. 이것이 바로 그리스도인의 삶이다. 하나님은 오늘을 사는 그리스도인들이 당신의 아들처럼 살기를 원하신다. 당신의 종들처럼 살기를 원하신다.

손양원목사, 주기철목사

손양원 목사님이나 주기철 목사님은 멋진 그리스도인의 삶을 사셨다. 그들은 강한 자 앞에 비굴하지도 않았다. 그들은 부자 앞에서도 기죽는 인생을 살지 않았다. 총칼 앞에서도 머리 숙이지 않았다.

손양원 목사님은 피부가 썩는데도 썩는 줄도 모르고 사는 한센병 환자들의 친구가 되어 주셨다. 한센병에 걸리면 가족들도 버린다. 손양원 목사님은 가족이 버린 그들을 찾아가 그들의 친구가 되어 주셨다. 자기 아들을 죽인 원수를 양아들로 삼으셨다.

공산당원들을 구원하려고 전도하시다가 순교를 당하셨다. 그는 진정 그리스도인이셨다. 복음으로 회복된 존재가치에 만족하며 복음으로 회복된 신분에 합당한 삶을 살려고 노력했던 분이시다.

주기철 목사님은 온갖 옥고를 치르며 고문을 당하면서도

다니엘처럼 신사 앞에 엎드리지 않았다. 신앙을 지키기 위해 자신의 목숨을 헌신짝처럼 버린 것이다. 어떻게 그럴 수 있었을까? 복음으로 회복된 신분의 존재가치가 너무 귀하고 컸기 때문이다.

대천덕 신부

예수원을 세웠던 성공회 대천덕 신부님은 한국전쟁으로 인해 성공회 신학교가 문을 닫게 될 상태에 놓이게 되었다는 말을 듣고 한국에 오게 되셨다. 학교가 너무 어려워 월급을 줄 상황이 못 되었다. 생활이 매우 어렵겠지만, 망설임 없이 한국에 왔다.

한국에서 신학원장으로 일을 시작한 지 6년 만에 갑자기 교단에서 사표를 요구했다. 그때 신부님은 하나님께 기도했다.

"주님, 6년 밖에 안되었습니다."

"주님, 제게는 아내도 있고 자식도 있습니다. 먼 타국에서 6년을 살면서 돌아갈 여비도 없습니다."

학교 퇴임을 하고 갈 곳이 없어 강원도 산골짜기로 들어가기로 했다. 1965년, 그는 강원도 산골짜기에 예수원(Jesus Abbey) 공동체를 시작했다. 우사를 고쳐 숙소로 사용하면서 형제 네 사람과 자매 네 사람이 뜻을 함께해서 아이들까지 열두 명이 전깃불도 안 들어오는 산골짜기에서 공동체 생활을 시작했다.

공동체 생활을 통하여 사도행전의 생활방식을 몸소 실천하는 한편, 성경공부를 통해 성경의 진리를 객관적으로 이해하고, 기도생활을 통해 매일의 일과 가운데 주님의 뜻을 구하기로 했다.

그는 온전히 아버지되신 하나님과 주인 되신 예수님만 바라보고 의지하는 삶을 살아왔다. 그런데 지금은 상주 식구만 100명이 넘는다. 지난 수 십년 동안 주인 되신 하나님은 종된 이들을 통해 상상할 수 없는 일을 하셨다.

대천덕 신부님은 특별히 재정에서는 허드슨 테일러의 방식 그대로 모든 필요를 주님의 공급하심에 의지했다. 그 과정에서 하나님의 아버지 되심과 주인 되심을 날마다 체험하며 살고 있다.

아버지 되신 하나님과 함께 사는 분들이 비단 이들뿐이겠는가? 주인 되신 예수님을 따라 사는 이들이 비단 이들뿐이겠는가? 복음은 유대인에게나 헬라인에게나 동일하다. 주의 이름을 부르는 모든 자에게 예수님은 부요하시다.

존재가치를 누리며 사는 삶은 왕자권을 누리며 사는 삶이다. 왕자권이란 요한복음 1장 12절에서 예수님을 영접하는 자들에게 주신 "하나님의 자녀가 되는 권세"를 말한다. 왜 '권세'라는 표현을 사용하셨을까? 복음으로 회복된 신분의 특권이 상상을 초월할 정도로 가치가 있기 때문이다.

우리가 복음으로 회복된 신분으로 살 때, 복음 안에서 존재가치를 온전히 누리며 살 때 가장 기뻐하시는 분이 누구겠는가? 바로 아버지 하나님이시다. 하나님은 이러한 삶을 통해 하나님 나라를 이웃에게 보여주기를 원하신다. 그래서 예수님은 "너희가 세상에 빛이다"라고 하신다. 이 말을 다른 표현으로 하면 '네가 하나님의 나라'라는 것이다. '네가 내 아들'이라는 말이다.

하나님의 아들처럼 살라는 것이다. 그래서 하나님은 항상 기뻐하라고 하시고, 두려워하지 말라고 하시고, 강하고 담대하라고 하신다. 복음 안에서 누리는 하나님의 나라는 능력이다. 복음 안에서 누리는 존재가치는 권세이고 능력이며 영광이다.

존재가치를 누리며 살수록 하나님은 영광을 받으실 것이며 하나님 나라는 세상 속에서 빛으로 드러날 것이다. 그리고 하나님의 아들들을 통해서 마귀 권세는 힘을 잃을 것이며 주의 나라는 땅 끝을 향하게 될 것이다.

하나님은 오늘을 사는 그리스도인들이
당신의 아들처럼 살기를 원하신다.

내가 부담스럽니?

chapter 2
회복된 신분을 누리지 못하는 안타까운 사람들

좋은 곡식과 가라지,
좋은 것과 못된 것,
의인과 악인,
양과 염소,
예복을 입은 자와 입지 않은 자.
나는 어느 편에 있는가?

복음 속에 담긴 하나님의 마음을 알지 못하고 복음으로 회복된 신분을 누리지 못하는 안타까운 사람들이 교회 안에 너무 많은 것 같다.

복음서를 통해서 말씀하신 예수님의 말씀 중에 이해하기 힘든 구절들이 있다. 아래 구절을 천천히 자세히 읽어보라.

> 내가 진실로 진실로 너희에게 이르노니
> **나를 믿는 자는 내가 하는 일을 그도 할 것이요**
> 또한 **그보다 큰 일도 하리니**
> 이는 내가 아버지께로 감이라
> (요 14:12)

> 예수께서 대답하여 이르시되
> 내가 진실로 너희에게 이르노니
> **만일 너희가 믿음이 있고 의심하지 아니하면**
> 이 무화과나무에게 된 이런 일만 할 뿐 아니라
> **이 산더러 들려 바다에 던져지라 하여도 될 것이요**
> (마 21:21)

너무 황당하지 않는가? 이 말씀대로 우리가 믿음을 가지고 있으면 예수님과 같은 일뿐만 아니라 예수님보다 더 큰 일도 할 수 있을까? 한 걸음 더 나아가 이 산더러 들려 바다에 던져지리라 하여도 정말 그렇게 될까?

이 말씀은 예수님께서 그냥 하시는 말일까? 아니면 가능한 말씀이실까?

마태복음 21장부터 전개된 메시지를 살펴보면 예수님께서 제자들을 데리고 이른 아침에 성으로 들어오실 때 열매 없는 무화과나무를 저주하신 적이 있다. 저주를 받은 무화과나무는 즉시 마르기 시작했다. 제자들이 이를 보고 이상히 여겨 "무화과나무가 어찌 말랐나이까?"라고 할 때 주셨던 말씀이 이 말씀이다. "…만일 너희가 믿음이 있다면 이 산더러 들려 바다에 던져지라 하여도 될 것이라…"

예수님은 마태복음 21장과 22장을 통해 믿음을 강조하셨다. 이스라엘의 대제사장들과 백성의 장로들은 누구보다도 종교적이었다. 그러나 그들은 믿음이 없는 자들이었다. 그들의 믿음이 없음을 예수님은 열매를 보고 알 수 있으셨다. 사실 예수님이 무화과나무를 저주하신 것은 무화과나무

자체가 아니라 가장 종교적이면서도 예수님을 가장 영접하기 싫어하는 무리들을 향해 저주하신 것이다. 메시아를 거부하고 채찍질하는 그들을 포도원 농부의 비유(마 21:33-46)를 통해 스스로 깨닫기를 원하셨지만 그들은 깨닫지 못하고 있었다.

예수님은 다시 혼인 잔치 비유를 통해 그들을 초청하셨다(마 22:1-14). 그러나 그들은 깨닫지 못하였다. 예수님을 영접하고, 예수님과 함께 살고, 예수님을 따라 산다는 것은 혼인 잔치와 같은 하나님의 나라인데 그들은 그것을 거부하고 있었다.

혼인 잔치 비유에서 우리가 유의해서 보아야 할 것이 있다. 가장 먼저 청한 사람들을 초청한다. 이들은 바로 이스라엘 사람들이다. 그들이 거부하니 이제는 네거리에 나가 만나는 대로 초청하게 된다. 혼인 잔치에 손님들이 가득했다. 임금이 손님을 보려고 들어오니 예복을 입지 않은 자를 발견하고 쫓아낸다. 그는 초대에 응하기는 하였지만 잔치는 누리지 못하고 쫓겨난다.

혼인 잔치는 하나님 나라다. 하나님 나라를 누리지 못할 자가 누구인가? 예복을 입지 않은 자다. 예복의 의미는 믿음이다. 교회 안에는 왔는데 믿음을 갖고 있지 않은 자였다.

사실 교회 안에는 좋은 곡식과 가라지, 좋은 것과 못된 것, 의인과 악인이 공존한다고 예수님은 마태복음 13장에서 말씀해 주셨다. 마태복음 25장에서 열 처녀 비유와 양과 염소의 비유를 통해서 예복을 입은 자와 입지 않은 자를 구분하고 있다. 종교란에 기독교라고 쓰는 모든 사람은 다 혼인 잔치에 참여한 자들이다. 그러나 예복을 입은 자와 입지 않은 자가 있는 것처럼 믿음이 있는 자가 있고 믿음이 없는 자가 분명히 존재한다.

하나님의 놀라운 사랑과 복음을 통해 회복된 영광스런 신분은 누가 누릴 수 있는가? 오직 믿음으로 누릴 수 있다. 오직 믿음으로다. 교회 안에 대부분의 사람들은 다 사도신경으로 신앙고백을 한다. 신앙고백이 믿음의 전부인가? 신앙고백은 믿음의 중요한 부분이기는 하지만 믿음의 전부는 아니다. 예수님이 사람의 말을 믿는다면 열매로 그들의 믿음을 알라고 말씀하시지 않으셨을 것이다.

예수님은 산상수훈 결론 부분에서 이렇게 말씀하신다.

> 나더러 주여 주여 하는 자마다
> 다 천국에 들어갈 것이 아니요
> 다만 하늘에 계신 내 아버지의 뜻대로 행하는
> 자라야 들어가리라
> (마 7:21)

주여 주여 하는 자마다 다 천국에 들어갈 것이 아니요 다만 하늘에 계신 아버지의 뜻대로 하는 자라야 들어간다는 말씀이 무슨 의미일까? 예수님은 마태복음 7장 21절 말씀의 의미를 마태복음 16장 24절을 통해 말씀해 주신다.

> 이에 예수께서 제자들에게 이르시되
> 누구든지 나를 따라오려거든 자기를 부인하고
> 자기 십자가를 지고 나를 따를 것이니라
> (마 16:24)

이 말씀은 입술의 고백이 삶으로 고백 될 때 비로소 믿음이라는 것이다. 믿음은 주인 바꾸는 삶이요, 믿음이란 따름이라는 것이다. 이것이 예수님이 요구하시는 믿음이다. 바울은 예수님의 믿음의 요구를 그대로 받아들여 갈라디아서 2장 20절에서 자신의 신앙고백을 하고 있다.

> **내가 그리스도와 함께 십자가에 못 박혔나니**
> **그런즉 이제는 내가 사는 것이 아니요**
> **오직 내 안에 그리스도께서 사시는 것이라**
> 이제 내가 육체 가운데 사는 것은
> 나를 사랑하시 나를 위하여 자기 자신을 버리신
> **하나님의 아들을 믿는 믿음 안에서 사는 것이라**
> (갈 2:20)

예수님이 요구하신 믿음과 바울을 통해 보여준 믿음은 십자가 복음 안에서 예수님과 함께 죽고 예수님과 함께 살고 예수님을 따라 사는 것이다. 이것이 복음서가 말하는 믿음이요 바울 서신이 말하는 믿음이다.

이제 요한계시록에서 말하는 믿음의 개념을 살펴보자.

> 볼지어다 내가 문 밖에 서서 두드리노니

> 누구든지 내 음성을 듣고 문을 열면
> **내가 그에게로 들어가 그와 더불어 먹고**
> **그는 나와 더불어 먹으리라**
> (계 3:20)

요한계시록에서 말하는 믿음은 나를 구원하기 위하여 자기 몸을 제물 삼고 구속해 주신 예수님을 전인격적으로 영접하여 예수님과 함께 사는 것이 바로 믿음이다. 이 말씀을 놓치면 안 된다.

"내가 그에게로 들어가 그와 더불어 먹고 그는 나와 더불어 먹으리라"

이 말씀이 내 삶이 될 때 믿음의 놀라운 역사가 드러나게 된다. "나를 믿는 자는 내가 하는 일을 그도 할 것이요 또한 그보다 큰 일도 하리니(요 14:12)"와 "만일 너희가 믿음이 있고 의심하지 아니하면 이 무화과나무에게 된 이런 일만 할 뿐 아니라 이 산더러 들려 바다에 던져지라 하여도 될 것이요(마 21:21)"라는 말씀이 현실이 될 것이다.

믿음이란 말이나 느낌이 아니다. 어떤 기도의식으로 온전히 이루어진 것도 아니다. 믿음이란 삶이다. 예수님과 함께 사는 삶이다. 예수님이 내 안에 들어와 나와 더불어 먹고 나는 예수님과 더불어 사는 것이다. 나를 믿는 자는 큰 일을 할 수 있다는 말은 예수님이 내 안에서 큰 일을 하시겠다는 말이다.

혼인 잔치에 초대된 자들은 많다. 그러나 진짜 예수 믿는 사람, 즉 예수님과 함께 살고 예수님을 따라 사는 자들은 과연 얼마나 될까? 마태복음 7장 22절에서 예수님은 많은 사람이 거짓 믿음의 사람이라고 한다.

당신은 진짜 예수 믿는 사람인가?

당신 안에 예수님이 정말 계신가?

나는 가장 초라하고 병들었을 때 예수님을 만났다. 기쁨보다는 슬픔이 가득했다. 나의 내면은 항상 어두웠다. 자존감은 낮았고 심한 열등감에 젖어 있었다. 내가 이 세상을 살아갈 수 있을까? 늘 회의적이었다. 이런 나를 찾아오신 예수님은 끊임없이 마음의 문을 두드리셨다. 희망이 없는 절망의 늪에서 한 줄기 지푸라기라도 잡는 심정으로 마음의 문을 열었다. 내 안에 들어오신 예수님은 빛이셨다. 나의 내면의 어둠이 사라지기 시작했다. 슬픈 나를 웃게 하셨다. 쓸모없는 나를 없어서는 안 될 요긴한 그릇으로 빚어가셨다. 내 앞에 놓인 수많은 산을 들어 바다에 던져주셨다. 예수님이 내 안에 오셔서 이루신 일들을 어찌 말로 다할 수 있을까?

예수님 안에서 회복된 신분은 나의 자존감을 한없이 높여 주었다. 자존감과 더불어 자긍심과 자부심 그리고 자신감을 증폭시켜 주었다. 살아야 할 이유를 알게 되었고 수많은 보람을 만끽하게 되었다. 예수님을 모시고 예수님과 함께 사는 세상은 천국 그 자체였다. 길을 걸을 때마다 내 영혼의 깊은 곳에서 우러나오는 노래가 있다.

주 예수 내 맘에 들어와 계신 후
변하여 새 사람 되고
내가 늘 바라던 참 빛을 찾음도
주 예수 내 맘에 오심

주 예수 내 맘에 오심
주 예수 내 맘에 오심
물밀 듯 내 맘에 기쁨이 넘침은
주 예수 내 맘에 오심

내 맘에 소망을 든든히 가짐은
주 예수 내 맘에 오심
의심의 구름이 사라져 버림도
주 예수 내 맘에 오심

주 예수 내 맘에 오심
주 예수 내 맘에 오심
물밀 듯 내 맘에 기쁨이 넘침은
주 예수 내 맘에 오심
아멘

믿음이란 삶이다.
예수님과 함께 사는 삶이다.
예수님이 내 안에 들어와 나와 더불어 먹고
나는 예수님과 더불어 사는 것이다.

하나님의 아들이 왜 패잔병처럼 살까?

chapter 3
회복된 신분을
누리지 못하는 바보들

하나님의 영이 떠나 육신이 된 인간...
영광스런 하나님의 아들이 연약한 패잔병이 되었다.
바보가 되었다.

나는 왜? 예수를 믿어도 재미가 없는가?
나는 분명히 예수를 믿는데...
나는 분명히 성령 체험도 했는데...
나는 정말 예수님을 만난 첫사랑에 빠진 경험이 있는데...
나는 주일성수도 성실히 하는데...
나는 새벽기도도 하는데...
나는 큐티도 하는데...
나는 봉사하는 일에 적극적으로 참여도 하는데...
지금은 왜? 예수 믿는 재미가 없는 걸까?
도대체 그 이유가 뭘까?

하나님의 나라는 영혼이 육신의 장막에서 벗어나 낙원으로 이민 가서부터 누리는 것이 아니다. 성령이 임하는 순간부터 하나님의 나라를 누릴 수 있다. 하나님의 나라는 성령 안에서 의와 평강과 희락이다(롬 14:17).

세상에서 방황하며 살다가 예수님을 만나고 성령을 체험했을 때 그 땐 의도 누려 보았다. 평강도 누려 보았다. 희락도 누려 보았다. 시편 23편이 나의 시가 된 때가 분명히 있었다. 그런데 지금은 왜 그 은혜와 그 나라를 누리지 못하는 바보가 되었을까? 도대체 그 이유가 무엇일까?

예수 믿어도 행복하지 않은 이유가 뭘까?

하나님은 큰 기대를 하고 사람을 자기 형상대로 지으셨다. 그리고 하나님처럼 행복하기를 원하셨다. 행복을 누릴 수 있는 모든 터전을 준비하시고 그들을 에덴으로 인도하셨다.

그러나 그들은 하나님 안에서 하나님을 따라 사는 것을 선택하지 않았다. 육체의 욕심을 따라 사는 것을 선택하였다. 결국 그들은 육신의 정욕과 안목의 정욕을 채우려고 하나님이 금하신 선악과를 따 먹은 것이다. 선악과를 따 먹는 행동은 하나님의 말보다 사단의 말을 선택한 것이고, 하나님을 따라 살기를 거부하고 육체의 욕심을 따라 살기를 선택한 것이다. 하나님에게서 벗어난 그들은 자연히 사단의 종이 되고, 죄의 종이 되고, 저주의 늪에 빠지게 된다.

하나님과의 관계가 깨지고, 부부관계도 깨지고, 자기 자신과의 관계도 깨지고, 형제와의 관계도 깨지게 되고, 결국 사회가 극도로 무질서해짐으로 세상은 지옥처럼 변해가고 있었다. 거룩하신 하나님의 영이 인간들과 함께 있을 수가 없을 정도로 인간은 사악해져 갔다. 하나님께서는 홍수로 모든 인간을 멸할 계획을 세우시고 당신의 영을 인간에게서 철수하신다.

> 여호와께서 이르시되
> **나의 영**이 영원히 **사람과 함께 하지 아니하리니**
> 이는 그들이 **육신**이 됨이라
> 그러나 그들의 날은 백이십 년이 되리라 하시니라
> (창 6:3)

하나님의 영이 사람과 함께 하지 않겠다고 철수하신 이유가 뭔가? 그들이 "육신이 됨이라"이다. 이 말의 의미가 뭘까? 모든 인류가 성령의 생각에 계속해서 등을 돌리고 육신의 생각을 따르고 있었다는 말이다. 성령의 소욕을 거부하고 육신의 소욕을 따라 지내는 완전 육신의 사람이 되었다는 의미다.

하나님의 영이 떠나 육신이 된 인간은 허물과 죄로 죽은 상태였다(엡 2:1). 사단을 따르는 사단의 종이었고(엡 2:2), 육체의 욕심을 따라 사는 본질상 진노의 자녀였다. 바로 흙 덩어리요, 죄 덩어리요, 저주 덩어리였다. 불행 덩어리였다. 그들이 이렇게 된 원인이 어디에 있었는가? 바로 육신의 생각을 따라 산 결과였다. 육체의 소욕을 따라 사는 사회는 계속해서 사악해져 가고 병들어갔다.

그러나 하나님은 이런 사람들을 사랑하셨다. 이들을 다시 창조의 원형대로 회복시킬 계획을 수립하시고 실행하셨다. 그 계획이 바로 여인의 후손으로 보내실 예수 그리스도의 구속 사역이었다. 하나님은 당신의 외아들에게 우리의 모든 죄를 대신 담당하게 하셨다. 예수님은 우리의 대제사장이 되셔서 속죄 제사를 짐승의 피로 하지 않으시고 자신의 몸을 드려 속죄 제사를 드린 다음 대제사장의 신분으로 제자들에게 나타나셔서 축도하시고 의미심장한 포즈를 취하신다.

> 이 말씀을 하시고 그들을 향하사
> **숨을 내쉬며**(ἐμφυσάω:불다, 숨을 내쉬다)
> 이르시되 성령을 받으라
> (요 20:22)

왜 숨을 내쉬셨을까? 예수님의 이런 포즈가 어떤 메시지를 우리에게 주고 싶은 것일까? 창세기 2장에서 인간을 지으실 때 하나님은 중요한 액션을 취하신다. 그것이 뭔가?

> 여호와 하나님이 땅의 흙으로 사람을 지으시고
> 생기를 그 코에 **불어넣으시니**(נפח:불다, 숨을 내쉬다)
> 사람이 생령이 되니라
> (창 2:7)

그 코에 생기를 불어넣는 포즈다. 그리고 예수님은 십자가를 지시고 부활하신 후에 제자들에게 왜 이런 포즈를 취하시면서 성령을 받으라고 하실까?

그 이유는 이것이다. 창세기 6장 3절에서 하나님은 죄악이 관영한 세상에서 육신이 되어버림으로 죄 덩어리가 되어버린 인류에게서 하나님의 영을 철수시켰다. 그런데 이제 하나님께서는 그들의 모든 죄를 대신해서 당신의 아들 예수 그리스도를 통해 십자가에서 속량해 주셨다. 이렇게 하신 하나님은 창세기 6장 3절에서 철수시킨 성령을 부어주심으로 창조의 원형을 회복시켜 주고 싶으셨던 것이다.

사도행전 2장에 기록된 120문도는 마가의 다락방에서 마음을 같이 하여 10일 동안 간절히 기도하다가 성령의 임재를 체험했다. 그들의 감격은 대단하였다. 이해할 수 없는 기쁨이 그들을 감쌌고 자기 재산을 다 팔아 성도들을 섬겼다. 이것이 무엇을 말하는가? 하나님 한 분만으로 만족하다는 표현이었다. 하나님의 영이 그들에게 임하니 그들은 사람의 마음으로 사는 자들이 아니라 하나님의 마음으로 사람을 대하고 섬기는 자들이 된 것이다.

내 경우를 봐도 그렇다. 하나님의 영이 떠난 흙덩어리인 내게 하나님의 영이 임했을 때 죄 덩어리가 의 덩어리로, 저주 덩어리가 복 덩어리로, 병 덩어리가 건강 덩어리로, 슬픔 덩어리가 기쁨 덩어리로, 불안 덩어리가 평안 덩어리로, 절망 덩어리가 희망 덩어리로, 사망 덩어리가 생명 덩어리로 회복된 것이다. 한 걸음 더 나아가 다윗의 시(시 23편)가 내

시가 되었다. 수많은 역경을 만나도 낙심이 되거나 절망하지 않게 되었다.

"아하, 하나님이 나를 단련해 가시는구나!"

오히려 모든 역경도 감사하게 되었다. 사람들이 나를 무시하고 외면할 때도 원망이나 불평하지 않았다. 그리고 이런 생각이 내 마음 속에서 솟아오르기 시작했다.

'아하, 하나님만 바라보게 하시는구나!'

죄를 싫어하게 되고 평강과 희락이 내 삶이 되었다(롬 14:17). 길을 걸어갈 때면 바람에 흔들리는 가로수 잎들이 마치 나를 향해 응원의 박수를 보내는 것 같은 느낌이 들었다. 예배가 그리워지고, 기도하고 싶어서 새벽에 벌떡벌떡 일어나지고, 말씀이 꿀송이보다 더 달게 느껴졌다. 입가에서는 늘 이런 멜로디가 흘러나왔다.

예수로 나의 구주 삼고 성령과 피로써 거듭나니
이 세상에서 내 영혼이 하늘의 영광 누리도다
온전히 주께 맡긴 내 영 사랑의 음성을 듣는 중에
천사들 왕래하는 것과 하늘의 영광 보리로다
주 안에 기쁨 누리므로 마음의 풍랑이 잔잔하니
세상과 나는 간 곳 없고 구속한 주만 보이도다
이것이 나의 간증이요 이것이 나의 찬송일세
나 사는 동안 끊임없이 구주를 찬송하리로다

이런 체험은 비단 나만의 것은 아닐 것이다. 하나님의 영을 만난 모든 이들의 체험이다. 다윗의 체험이요, 바울의 체험이요, 우리 모두의 체험이다.

그런데 이런 체험들이 지금은 왜 없을까? 그 이유가 뭘까? 예수님의 십자가 구속사역과 성령의 임재로 회복된 존재가치를 누리며 살 수 없는 것일까? 그 이유가 도대체 뭘까?

그 이유는 바로 이것이다. 에덴동산에서 아담과 하와가 성령의 생각을 따라 살기보다 육신의 생각을 따라 살기 원함으로 에덴이 모두 구겨지고 말았다. 성령의 소욕을 거부하고 육신의 소욕을 따라 살게 되므로, 천국 같은 세상이 지옥 같은 세상으로 변했다. 오늘 우리에게도 이런 현상이 계속 일어나고 있다. 그 이유는 하나다. 육신에게 져서 육신의 생각을 따라 살기 때문이다. 육신의 소욕을 따라 살기 때문이다. 그래서 성경은 끊임없이 우리에게 이렇게 말씀하고 계신다.

아래 구절들을 회개하는 마음으로 읽어보기 바란다. 성령님의 도우심으로 하나님의 마음을 보는 눈이 열리고 하나님의 음성을 듣는 귀가 열리기를 소망한다.

육신을 따르는 자는 육신의 일을,
영을 따르는 자는 영의 일을 생각하나니
육신의 생각은 사망이요
영의 생각은 생명과 평안이니라
육신의 생각은 하나님과 원수가 되나니
이는 하나님의 법에 굴복하지 아니할 뿐 아니라

할 수도 없음이라
육신에 있는 자들은
하나님을 기쁘시게 할 수 없느니라
(롬 8:5-8)

그러므로 형제들아 우리가 빚진 자로되
육신에게 져서 육신대로 살 것이 아니니라
너희가 **육신대로 살면** 반드시 죽을 것이로되
영으로써 몸의 행실을 죽이면 살리니
(롬 8:12-13)

　성령의 생각을 따라 사는가? 육신의 생각을 따라 사는가? 성령의 소욕을 따라 사는가? 육신의 소욕을 따라 사는가? 만약 당신이 육신에게 져서 육신을 따라 사는 자라면 당신 안에 계신 성령님이 어떤 심정을 가질 것 같은가?

하나님의 **성령을 근심하게 하지 말라** 그 안에서
너희가 구원의 날까지 인치심을 받았느니라
(엡 4:30)

　당신 안에 계신 성령님께서 육신에게 져서 육신대로 사는 당신의 일거수일투족을 보면서 늘 근심하신다. 그리고 당신을 어떻게 도우실 것 같은가?

이와 같이 성령도 우리의 연약함을 도우시나니
우리는 마땅히 기도할 바를 알지 못하나
오직 **성령**이 말할 수 없는 **탄식**으로
우리를 위하여 친히 **간구**하시느니라
(롬 8:26)

성령님의 간구가 민망할 정도로 육신에게 져서 육신대로 살 때 당신 안에 계신 성령님은 어떤 결정을 내리실까?

> 성령을 소멸하지 말며
> (살전 5:19)

바로 소멸하신다. 성령님이 소멸하시는 것을 어떻게 느낄 수 있는가?

> 하나님의 나라는 먹는 것과 마시는 것이 아니요
> 오직 **성령** 안에 있는 **의**와 **평강**과 **희락**이라
> (롬 14:17)

바로 의와 평강, 그리고 희락 지수가 낮아지기 시작한다. 복음으로 회복된 신분을 누리지 못하는 바보가 되는 것이다. 영광스런 하나님의 아들이 연약한 패잔병처럼 살게 되는 것이다. 당신은 어떤가?

우리가 예수님을 향해 마음의 문을 열고 그를 영접할 때 예수님은 성령님과 함께 내 안에 들어오신다. 그때부터 내 안에는 성령의 생각과 육신의 생각이 공존하기 시작한다. 모든 그리스도인은 성령의 소욕과 육신의 소욕 사이에 있다. 무엇을 선택할 것인가는 누구도 결정해 주지 않는다. 오직 내가 선택해야 할 몫이다.

성경은 '육신'을 '나'로, '육체'를 '죄'로, '옛 자아'로, '옛사람'으로 표현하고 있다. 바로 성령(하나님, 예수님)님과 다른 생각과 소욕을 지칭한다.

그리스도인들이 싸워야 할 가장 큰 적이 있다면 바로 '나'다. '죄'다. '육신'이다. '옛사람'이다. '육체'다. 이것의 정체를 더 깊이 알 필요가 있다. 육신 안에는 죄성이 존재하고 배후에는 사단이 일하고 있고, 우리가 사는 문화는 육신의 문화다. 그래서 사도요한은 이렇게 말한다.

> 이는 세상에 있는 모든 것이
> 육신의 정욕과 안목의 정욕과
> 이생의 자랑이니
> 다 아버지께로부터 온 것이 아니요
> 세상으로부터 온 것이라
> (요일 2:16)

내 안에 있는 적인 '육신'을 만만하게 보아서는 안 된다. 배후의 사단은 세상 문화(정욕)를 앞세워 '육신' 속에 '죄성'을 자극하며 접근해 와서 육신의 생각을 따르도록 유혹한다. 그 순간 아담과 하와처럼 우리는 쉽게 넘어가 버리고 만다. 이것은 남의 이야기가 아니다. 바로 내 이야기가 아닌가?

우리가 성령의 생각과 성령의 소욕을 따라 살게 되면 의와 평강과 희락 지수가 상승되어 늘 행복하다. 그리고 나도 모르는 사이에 내 안에 계신 예수님의 성품이 내 성품이 되어 외부로 나타난다. 아브라함, 다니엘, 바울, 스데반처럼 살 수 있게 된다. 진정한 믿음의 역사가 나타난다. 내 안에서 나를 통해 이루시는 일들을 체험하게 된다. 수많은 산도 그분이 옮기시는 것을 보게 된다. 얼마나 멋진 삶인가? 하나님은 당신도 이렇게 살기를 원하신다.

그러나 반대로 늘 육신의 생각과 육신의 소욕을 따라 살게 되면 예수 믿을 때나 안 믿을 때나 하나도 달라진 것이 없게 된다. 아무 체험도 할 수 없다. 믿음의 능력도 나타나지 않는다. 성령님이 근심하게 되고 점점 소멸하여 가시니 모든 면에서 탈진과 갈증이 일어나 목마름에 시달리게 된다. 하나님이 함께 하는 증거가 나타나지 않는다. 기도해도 무기력증에 빠져 있게 된다.

이런 바보 신자가 되지 않기 위해 하나님은 늘 하나님을 가까이하라고 하신다. 기도하라고 하신다. 성경 말씀을 주야로 묵상하라고 하신다. 그리고 성령 충만하라고 하신다.

내 안에 있는 육신이라는 적은 쉽게 이길 수 없기 때문이다. 그래서 나는 늘 이 노래를 기도하는 마음으로 부른다.

성령이여 내 영혼을 충만케 하소서
내 속에 강물이 넘쳐나게
성령이여 내 영혼을 충만케 하소서
내 속에 강물이 넘쳐나게

오 성령 하나님 날 다시 새롭게 하소서
채우소서 내 영혼이 세상 유혹 다 이기고
다시 주를 닮아가도록
채우소서 내 영혼이 세상 유혹 다 이기고
오직 주만 나타내도록

성령의 생각과 성령의 소욕을 따라 살게 되면
의와 평강과 희락지수가 상승되어 늘 행복하다.

chapter 4
회복된 신분을 누리지 못하게 하는 올무

존재가치를 버리고 소유가치를 붙드는 삶은
다이아몬드를 버리고 돌을 가슴에 품는 것과
다를 바 없지 않을까...?

많은 그리스도인이 복음 안에서 성령의 임재로 회복된 존재가치를 지속해서 누리지 못하며 살아가고 있다. 그 이유가 무엇일까?

성령의 임재로 예수님을 만난 첫사랑이 무르익어가기도 전에 존재가치의 영광과 복을 누리지 못하도록 도둑질해 가기 위해 사단이 접근한다. 사단이 성도들에게 다가올 때는 달콤한 것을 가지고 온다. 그것이 뭘까?

> 이는 세상에 있는 모든 것이
> **육신의 정욕**과 **안목의 정욕**과 **이생의 자랑**이니
> 다 아버지께로부터 온 것이 아니요 세상으로부터 온 것이라
> (요일 2:16)

바로 육신의 정욕과 안목의 정욕과 이생의 자랑이다.

육신의 정욕은 성령의 뜻과 반대되는 육신의 소욕이다. 안목의 정욕이란 눈에 보이는 대로 가지고 싶은 육신의 소욕이다. 이생의 자랑이란 인기와 명예를 얻고 싶은 육신의 소욕이다. 결국 사단은 이러한 육신의 소욕을 이용해서 성도들로 하여금 다시 소유가치를 붙들게 하여 일생을 달려가게 한다.

인생이 소유가치의 덫에 걸리게 되면 끝없는 소유가치의 목마름 속으로 빠져 들게 된다. 성경은 이것을 탐욕이라고 한다. 소유가치에 집착하게 되고 그 소유가치에 따라 인생이 움직이게 된다면 결국 그 인생은 소유가치가 그의 주인이 되기 때문에 탐욕을 '우상 숭배'(엡 5:5)라고 하는 것이다.

소유가치는 사람을 행복하게 하지 못한다. 육신에 속한 사람들이 그렇게 목숨 걸었던 소유가치는 영원하지 않다.

> 이 세상도, **그 정욕도 지나가되**
> 오직 하나님의 뜻을 행하는 자는 영원히 거하느니라
> (요일 2:17)

성경은 육신의 정욕과 안목의 정욕과 이생의 자랑으로 얻은 세상도 그 정욕도 다 지나간다고 말한다. 그러나 하나님의 뜻을 행하는 존재만이 영원히 거한다고 말한다. 소유가치는 다 사라지지만, 존재가치는 사라지지 않고 영원하다는 것이다. 마음에 깊이 새겨 두어야 할 진리다.

사람은 나이가 들수록 평준화로 간다. 저학력자든 고학력자든 나이가 들면 들수록 학력에 대한 차등이 없어진다. 숨이 멎는 순간 완전 평준화된다.

몸매도 나이가 들면 들수록 평준화로 간다. 아랫배가 나오고, 허리가 꾸부정해지고 걷는 것도 균형을 잃게 된다. 숨이 멎는 순간 완전 평준화된다.

미모도 평준화로 간다. 나이가 들면 들수록 잘난 사람과 못난 사람을 구별하기 어렵게 된다. 숨이 멎는 순간 완전 평준화된다.

건강한 사람도 병든 사람도 나이가 들어갈수록 건강지수에 대한 차이가 점점 줄어들다가 숨이 멎는 순간 완전 평준화된다.

경제적인 여건도 나이가 들면 들수록 큰 의미가 없게 된다. 숨이 멎는 순간 재벌 총수도 노숙사도 완전 평준화된다. 이렇듯 소유가치는 큰 의미가 없다. 그래서 성경은 우리에게 이렇게 말한다.

> 우리가 세상에 **아무 것도 가지고 온 것이 없으매**
> 또한 **아무 것도 가지고 가지 못하리니**
> 우리가 먹을 것과 입을 것이 있은즉 족한 줄로 알 것이니라
> (딤전 6:7-8)

모든 인생은 세상에 아무 것도 가지고 온 것이 없다. 그리고 아무 것도 가지고 가지 못한다. 이것이 바로 소유가치의 한계다.

세상에 그 누구도 이 사실에서 예외일 수 없다. 부자나 가난한 자나 숨이 멎는 순간 똑같아진다. 대통령이나 노숙자나 숨이 멎는 순간 똑같아진다. 인기 많은 배우나 아무도 알아주지 않는 평민이나 숨이 멎는 순간 똑같아진다.

그렇다면 크리스천은 대통령이 되려고 해서도 안 되고, 재벌 총수가 되려고 해서도 안 된다고 성경이 말하는가? 성경은 무소유를 주장하는 것인가? 무언가가 되려고 노력해서는 안 된다고 주장하는가? 소유가치에 대해서 무관심하라고 말하는가? 그렇지 않다.

성경은 소유가치에 대해 무관심하라고 하지 않는다. 소유가치를 위해 꿈을 꾸지 말라고 하지 않는다. 소유가치를 추구하지 말라고 하지 않는다.

성경에서 말하는 소유가치의 의미는 목적가치를 위해 필요한 도구라고 말씀하신다. 어떤 일을 하려고 할 때 도구가 얼마나 요긴한가? 정밀한 검진을 할 때 MRI기가 얼마나 좋은 도구인가? 수술할 때 마취약이나 칼이 얼마나 좋은 도구인가? 요긴한 도구가 없다면 수많은 사람이 고통 속에서 살다가 죽게 될 것이다.

이렇듯 소유가치는 목적가치를 이루기 위한 수단으로서의 가치를 지닌다. 수단가치를 무시하면 할수록 목적가치를 이루는 데 힘이 들고 어려울 것이다.

이런 측면에서 하나님은 우리에게 목적가치를 위해 다양한 소유가치를 허락하신 것이다. 엽전 한 닢이라도 우리는 소홀히 여길 수 없는 소중한 복이요, 은사요, 가치다. 그러나 이런 소유가치가 목적이 되고 주인이 되고 하나님이 된다면 그것은 우상이 되는 것이다.

수단이 목적이 되거나 도구가 주인의 자리에서 주인 노릇 한다면 얼마나 어리석은 일인가? 소유가치가 나를 움직이게 하는 주인이고, 내 인생의 목적이 되고, 소유가치를 얻기 위해 살고, 그것을 위해 나의 모든 것을 희생하고 있다면 그 소유가치는 나의 우상이 되는 것이다. 성경은 이것을 경계하고 있다.

명예와 권력뿐 아니라 일과 건강까지 우리의 주인이 될 수 없다. 이러한 소유가치는 어디까지나 수단이요, 은사요, 도구일 뿐이다.

아브라함을 부르실 때도, 이삭을 부르실 때도, 야곱을 부르실 때도 그들이 생각했던 것보다 더 풍성한 소유가치를 허락하신 이유가 바로 여기에 있었다.

하나님은 요셉과 모세 그리고 다윗과 솔로몬뿐 아니라 성경에 등장한 모든 인물에게 소유가치를 풍성히 허락하셨다. 오늘을 사는 그리스도인들에게도 상상할 수 없는 소유가치들을 허락하신다. 그 이유는 바로 목적가치를 이루기 위한 수단으로 주신 은사였던 것이다. 그런데 소유가치가 목적이 되어 소유가치를 더 얻기 위해 뛰어간다면 얼마나 어리석은 일이겠는가?

소유가치에 대한 목마름은 우리에게 존재가치를 누리지

못하게 할 뿐만 아니라 우리를 불행의 늪으로 깊이깊이 빠져들게 한다.

더 소유하기 위해 뛰어가는 이들에 대해 성경은 무엇을 경계하고 있는가?

> **부하려 하는 자들은 시험과 올무와**
> **여러 가지 어리석고 해로운 욕심에 떨어지나니**
> 곧 사람으로 **파멸과 멸망에 빠지게 하는 것이라**
> (딤전 6:9)

소유가치는 사람이 시험과 올무, 해로운 욕심 그리고 파멸과 멸망에 빠지게 한다. 해로운 욕심이란 바로 탐욕을 말한다. 탐욕에 대해 성경은 우리에게 이렇게 말한다.

> 음심이 가득한 눈을 가지고 범죄하기를 그치지 아니하고
> 굳세지 못한 영혼들을 유혹하며
> **탐욕에 연단된 마음을 가진 자들**이니 **저주의 자식**이라
> (벧후 2:14)

탐욕에 연단된 마음을 가진 자들이 교회 안에 있다는 것이다. 이들은 소유가치에 의해 존재가치가 무너진 저주의 자식이라는 것이다.

한 걸음 더 나아가 바울은 이렇게 경계하고 있다.

> **돈을 사랑함**이 일만 악의 뿌리가 되나니
> 이것을 탐내는 자들은 미혹을 받아

믿음에서 떠나 많은 근심으로써 자기를 찔렀도다
(딤전 6:10)

돈을 더 많이 소유하기 위해 뛰어가는 삶은 결국 믿음에서 떠나게 함으로 많은 근심으로써 자기 자신을 파멸시킨다는 것이다. 이런 소유가치를 따라가는 이들이 우리 주변에 많이 있지 않은가? 존재가치를 100% 만끽하며 누리기보다 더 많이 소유하려고 소유가치를 따라가는 이들이 많다.

눈을 들어 세계를 보라. 우리나라보다 더 빨리 복음을 받아들이고 존재가치가 회복된 나라들을 보라. 하나님은 이들에게 땅의 모든 족속을 복음화하는 목적가치를 이루게 하려고 풍성한 소유가치를 은사로 허락하셨다.

그런데 소유가치를 더 가지려고 육신의 정욕과 안목의 정욕에 사로잡혀 뛰어감으로 소유가치가 목적가치가 되어 버렸다. 이 결과 이 나라들도 점점 믿음에서 떠나감으로 존재가치가 무너지고 있다.

영국교회, 프랑스교회, 독일교회, 스위스교회, 네덜란드교회, 미국교회 크리스천들 대부분이 소유가치에 빠져들고 있다. 한국교회 크리스천들도 예외는 아닌 것 같다.

존재가치를 버리고 소유가치를 붙든 삶은 다이아몬드를 버리고 돌을 가슴에 품는 것과 다를 바 없지 않은가? 그 결과 그들은 또다시 끝없는 목마름에 빠져들고 있지 않은가? 이 얼마나 불행한 선택인가? 소유가치가 목적가치가 되는 삶은 사단의 덫이다. 이 덫에 걸려들면 불행해질 수밖에 없다. 이것이 복음을 누리지 못하게 하는 사단의 전략이다. 당신은 어떤가?

예수님이 가장 싫어하는 것이 무엇인 줄 아는가?

> 화 있을진저 외식하는 서기관들과 바리새인들이여
> 잔과 대접의 겉은 깨끗이 하되
> 그 안에는 **탐욕**과 방탕으로 가득하게 하는도다
> (마 23:25)

바로 탐욕이다. 당신 안에는 없는가?

우리는 늘 이렇게 기도해야 한다.

> 내 마음을 주의 증거들에게 향하게 하시고
> **탐욕**으로 향하지 말게 하소서
> 내 눈을 돌이켜 허탄한 것을 보지 말게 하시고
> 주의 길에서 나를 살아나게 하소서
> (시 119:36-37)

명예와 권력 뿐 아니라 일과 건강까지
우리의 주인이 될 수 없다.
이러한 소유가치는 어디까지나
수단이요,
은사요,
도구일 뿐이다.

나는
네가
하나님의 나라를 누리면 좋겠다.

chapter 5
회복된 신분을 누리지 못하게 하는 덫

얼마나 더 높아질까 보다
얼마나 더 낮아질까.
얼마나 더 가졌는가 보다
얼마나 많이 베풀며 살았을까.
얼마나 더 건강한가 보다
얼마나 더 몸을 드렸을까.

초등학교에 다니는 어린이가 학교에 다녀와 엄마에게 자랑한다.

"엄마, 나 오늘 95점 맞았어!"

"어머머! 네가 95점 맞았구나! 대단하다 내 아들!"

엄마는 매우 기분이 좋았다. 싱글벙글하면서 마트에 갔다. 아이와 같은 반에 다니는 아이의 엄마를 만났다. 그 엄마는 만나자마자 자기 아이 자랑을 한다.

"우리 아이가 오늘 세상에 100점을 맞아왔어요."

"어머! 그래요. 정말 잘했네요."

그 말을 듣는 순간 95점의 기분이 싹 사라졌다. 아이에 대한 감정도 달라지기 시작했다. 엄마의 마음에 있던 행복감이 순식간에 사라진 것이다.

어떤 사람이 오토바이를 타고 다니다가 승용차를 타고 싶었다. 돈을 쓰고 싶어도 쓰지 않고 모으고 모아서 기아에서 나온 경차 '모닝'을 샀다. 설레는 마음에 밤에 잠이 오지 않았다. 아침이 되어 행복한 마음으로 휘파람을 불면서 출근하기 위해 주차장에 갔다. 그런데 모닝 옆에 현대에서 나온 모닝보다 더 크고 좋은 '아반떼'가 세워져 있는 것이 아닌가? '아반떼'가 '모닝'보다 더 좋게 보였다. 그 순간 '모닝' 때문에 밤잠을 설쳤던 행복감이 사라지고 말았다. 그리고 그는 '아반떼'를 사기 위해 악착같이 일을 했다. 드디어 '아반떼'를 샀다. 그 행복도 잠시였다. 왜냐하면 '아반떼'보다 더 큰 '소나타'가 좋게 보였기 때문이다. 그는 모든 면에서 절약하여 돈을 모으고 모아서 '소나타'를 샀다. 그런데 직장 동료가 '제네시스'를 타고 다니는 것이 아닌가? 그는 또 꿈을 꾸기 시작했다. 악착같이 돈을 벌어서 모으고 모았다. 그리고 '제네시스'를 샀다. 그런데 후배가 '에쿠스'를 타고 다니는 것이 아닌가? '에쿠스'를 사기 위해 또 열심히 돈을 모으고 모으다가 그만 죽고 말았다.

이 사람은 평생 열심히 살았다. 그러나 하루하루가 행복하지 않았다. 그의 아내가 그 남편의 묘비에 이렇게 썼다.

"승용차 따먹기를 하다가 여기 잠들다."

이 사람의 행복을 도둑질해 간 것이 뭔가? 바로 비교의식이다.

어떤 사람이 결혼하여 월세부터 시작했다. 월세에서 전세로, 전세에서 13평 아파트로 이사했다. 그동안의 삶이 무척이나 힘들고 어려웠지만 그래도 고생인 줄 모르고 살았다. 13평 아파트에서 25평 아파트로 늘려 이사를 하였을 때 그 감격은 이루 말할 수 없었다. 그러던 어느 날 친구가 집들이한다고 해서 갔다. 그런데 그 친구 아파트는 32평이었다. 25평 아파트의 행복감이 순간 사라져 버리고 말았다. 그는 32평을 사기 위해 있는 힘을 다해 일했다. 드디어 32평 아파트를 살 수 있었다. 얼마나 좋았는지 모른다. 그런데 직장 동료가 집들이한다고 초대했다. 직장 동료 아파트에 가보니 45평이었다. 32평의 행복이 무너지는 순간이었다. 그는 또 다시 45평 아파를 사기 위해 열심히 살았다. 결국, 45평 아파트를 사지 못하고 세상을 떠나고 말았다. 그 사람의 묘비에 적힌 글이 뭔 줄 아는가?

"평생 아파트 따먹기를 하다가 이곳에 고이 잠들다."

이 이야기들이 우리 모두의 이야기가 아닌가? 비교의식은 존재가치를 누리지 못하게 하는 사단의 덫이다.

세상에는 좋은 환경에서도 원망과 불평 속에 사는 원망

부인이 있고 어려운 환경에서도 늘 만족하며 감사하는 삶을 사는 감사부인이 있다.

원망부인은 남편이 건강하고 가정을 잘 돌본다. 직장생활도 성실하게 한다. 아이들도 공부도 잘하여 건강한 사회인으로 진출하였다. 주거환경이나 모든 면에서 다복하게만 보였다. 그런데 원망부인은 입만 열면 원망과 불평 밖에 나오지 않았다. 무엇이 원인일까?

이와는 대조적으로 감사부인은 남편이 암으로 투병하다가 그동안 모아놓은 돈마저 다 쓰고 죽고 말았다. 아이들과 함께 살길이 막막하게 보였다. 하루하루 어려운 삶을 꾸려가고 있었다. 그런데 놀랍게도 감사부인의 입에서는 늘 감사가 끊이지 않았다. 감사부인에게 물었다.

"정말 행복하십니까?"

"그럼요. 늘 행복합니다."

"제가 보기에는 별로 행복한 환경이 아닌 것 같은데 무엇 때문에 그렇게 행복하세요?"

"네, 알몸으로 태어나 입을 옷이 있다는 것도 감사하고, 단신으로 태어났는데 아들과 딸이 내 곁에 있다는 것도 감사하고, 초라하지만 누울 집이 있어서 감사하답니다."

이렇듯 어려운 환경에 살아도 다른 사람과 비교하지 않고 가지고 있는 것에 만족하며 살면 감사할 것밖에 없다. 그러나 좋은 환경에 살면서도 원망과 불평이 나오는 이유는 더 좋은 환경에 사는 사람과 늘 비교하기 때문이다. 아무리 좋은 환경에 살아도 비교의식이 존재하는 한 행복할 수 없다. 비교의식은 사람을 이렇게 불행하게 한다.

소유냐? 존재냐? 인생을 살면서 존재보다 소유에 마음을 두고 소유를 추구하다 보면 소유에 따라 존재가치가 달라지는 것처럼 보인다. 무엇을 가졌는가? 얼마나 많이 가졌는가에 따라 존재가치가 결정되는 것처럼 느낀다. 자연스럽게 소유를 비교한다.

비교의식은 상대가 나보다 부족하게 보이면 스스로 우월감에 빠져 자만하게 하고 상대가 나보다 더 부유하게 보이면 열등감에 빠져 자신을 초라하게 보이게 한다. 원망과 불평은 우월감과 열등감에서 나오는 증상들이다.

인간의 존재가치가 소유로 결정되는가? 만약 그렇다면 스데반이나 바울은 얼마나 초라한 존재들인가? 인간의 존재가치는 복음으로 회복된 신분이 결정한다.

"너는 내 아들이야!"
"너는 내 몸이야!"
"너는 내 기쁨이야!"
"너는 내 꿈이야!"
"너는 내 동역자야!"

존재가치는 비교 대상이 아니다. 스스로가 절대가치를 지닌다.

상관하지 마

요한복음의 주인공은 하나님의 아들 되신 예수 그리스도다. 예수님이 어떤 분인가를 보여주시기 위하여 요한복음에 등장한 인물이 베드로다. 요한복음 1장에서 베드로는 그의 형제 안드레의 전도로 예수님 앞에 오게 된다. 베드로를 처음 본 예수님은 베드로가 앞으로 어떤 인물이 될지 아시고 이름을 바꾸어 주신다.

게바라는 이름으로 개칭하여 주신다. 게바는 '반석'이라는 뜻이다. 이 말은 베드로가 사도행전 시대에 교회의 반석이 될 인물이라는 뜻이었다.

이렇게 말씀하신 예수님은 요한복음 21장까지 베드로를 반석 역할을 할 수 있는 제자로 세워 가신다. 최종적으로 "네가 나를 사랑하느냐?"고 세 번이나 물으셨다. 베드로는 "내가 주를 사랑하는 줄 주께서 아시나이다"라고 대답했다. 그때마다 예수님은 "내 양을 먹이라"고 하셨다.

목양 명령을 내리신 예수님은 베드로에게 최후 메시지를 주셨다. 그 말씀이 무엇인가?

> 내가 진실로 진실로 네게 이르노니
> 네가 젊어서는 스스로 띠 띠고 원하는 곳으로 다녔거니와
> 늙어서는 네 팔을 벌리리니
> 남이 네게 띠 띠우고 원하지 아니하는 곳으로 데려가리라
> 이 말씀을 하심은 베드로가 어떠한 죽음으로
> 하나님께 영광을 돌릴 것을 가리키심이러라

> 이 말씀을 하시고 베드로에게 이르시되 나를 따르라 하시니
> (요 21:18)

이 말씀은 베드로가 어떤 모습으로 생을 마치게 될 것인가를 말씀하신 것이다. 이 말을 들은 베드로는 사도요한이 어떻게 생을 마치게 될 것인가가 궁금했다. 즉시 베드로는 예수님께 묻는다.

> 이에 베드로가 그를 보고 예수께 여짜오되
> **주님 이 사람은 어떻게 되겠사옵나이까**
> (요 21:21)

이 질문에 예수님의 대답은?

> 예수께서 이르시되
> 내가 올 때까지 그를 머물게 하고자 할지라도
> 네게 **무슨 상관이냐** 너는 나를 따르라 하시더라
> (요 21:22)

예수님의 대답은 단순하고 선명했다. 내가 재림할 때까지 살려둘지라도 "너는 상관하지 마"였다. 내가 요한을 너처럼 순교하게 하지 않더라도 너는 상관하지 말라는 것이다. 요한의 형제 야고보는 가장 빨리 순교를 당하게 된다. 전승에 의하면 그 뒤 베드로도 십자가에 거꾸로 못 박혀 순교하게 된다. 그런데 요한은 제자 중에 가장 장수한 후 자연사하게 된다. 베드로가 이 사실을 알면 열 받을까 봐 예수님은 '상

관마'라고 하셨을까? 아닐 것이다.

이 말씀이 오늘을 사는 우리에게 주는 메시지가 있다. "베드로야, 너는 너와 다른 사람과 비교하지 마. 내가 너와 같이 요한을 쓰지 않더라도 너는 비교하거나 상관하지 마."라는 것이다. 너는 너다. 그리고 요한은 요한이다. 그를 어떻게 사용하든 어떤 은사를 주든 상관하지 말라고 하신 것은 비교하지 말라는 뜻이다.

목회자들이 교회의 크고 작음을 비교한다면 얼마나 불행하겠는가? 하나님은 당신의 종들을 스데반처럼 사용하실 수도 있고, 사도 요한처럼 사용하실 수도 있다. 누가 더 큰 복을 받고 누가 더 작은 복을 받느냐 하는 차이가 아니다. 은사가 다를 뿐이다.

예수님은 제자들이 세상을 살아가면서 세상의 가치관을 가지고 이웃과 늘 비교하면서 상관하며 산다면 얼마나 불행한 인생을 살게 될 것인가를 미리 보고 계셨다. 그래서 이것을 차단하신 것이다.

베드로처럼 순교해도 복이고, 사도요한처럼 장수한 후 자연사해도 복이다. 이것은 사람을 구원하고 복되게 세워 가시는 삼위일체 하나님의 섭리 속에 이루어진 다양한 은사들이기 때문이다.

이명박 전 대통령의 어머니 채태원 집사님은 평생 가난 속에서 일생을 보냈다. 그의 어머니는 나라와 민족을 위해 늘 기도하시는 새벽종지기였다. 그러나 하나님은 그가 낙원으로 이민가는 순간까지 사글세 가게 터 하나 주지 않으셨다. 생선가게 앞에서 좌판을 놓고 토막 생선을 팔며 지내셨다. 이런 삶이 저주인가? 아니다. 가난하고 힘겨운 환경이 하나님을 더욱 의지하게 하였고 기도의 자리로 나가게 했다면 가난한 현실이 복이 아닌가? 자신은 가난 속에서 기도로 살지 않으면 안 될 현실이었지만 그 기도가 얼마나 아름다운 역사를 만들어가게 되었던가? 역사가 지난 뒤에 보니 가난과 어려운 현실은 저주가 아니라 복이었음을 알 수 있다.

나는 6살 때 아버지가 돌아가셨다. 이것 때문에 나는 진짜 하나님 아버지를 만나게 되었다. 중학교 2학년 때 질병 때문에 학교에서 자퇴를 당하였다. 이것 때문에 나는 성령체험을 했고 예수님을 만났다. 심지어 교회를 개척한 후 얼마 지나지 않아 교통사고로 전신마비가 되어 수족을 쓰지 못할 때도 있었다. 교회를 개척한 후 교회가 생각보다 부흥되지 않은 때가 많았다. 지나온 세월을 되돌아보니 내가 겪었던 모든 어려움은 나를 해롭게 하는 것이 아니었다. 나를 더욱 성숙시켰고 강하게 하는 밑거름이었다. 쓰라린 아픔들은 저주가 아니었다. 복 중의 복이었다. 왜 항상 기뻐하라, 범사에 감사하라고 하셨는지를 알 수 있었다.

하나님은 당신의 종들을 다양하게 사용하신다. 교회를 개척하여 큰 교회로 부흥되는 은혜를 누리는 종들도 있고 아무리 노력해도 고생만 하다가 낙원으로 이민 가는 종들도 있다. 평생 개척교회를 섬기다가 고생만 하고 낙원으로 이

민가신 종의 자녀들이 뜻밖에 멋진 역사를 이루어 가는 경우를 보면서 "아하! 그의 부친은 뿌리 사역자였구나!" 라는 생각이 들었다.

찬란하게 빛나는 목회를 하셨던 종들 중에 일부는 그의 자녀들이 그의 선친의 얼굴에 그늘을 드리우는 이들도 없지 않았다.

모든 사람은 자신이 고생하더라도 자녀들이 잘되기를 바란다. 언제나 다음을 바라보는 것이 진짜 믿음이다. 욥처럼 상상할 수 없는 시련 가운데서 다음에 올 정금을 바라보는 것이다. 그리고 "나의 가는 길을 오직 그가 아시나니 나를 단련하신 후에는 내가 정금 같이 나오리라"고 외치라. 믿음은 바라는 것들의 실상이다. 믿음이 보이는 현실을 바라보고 일희일비하는 것이 아니라 다음에 펼쳐질 실상을 바라보는 것이라면 오늘 힘들고 어려운 현실을 눈물로 밟고 갈지라도 다른 이들과 비교하여 절망할 이유가 없지 않겠는가?

기죽을 이유가 뭔가?

부자를 보면 기가 죽는가? 잘생긴 사람을 보면 기가 죽는가? 권세를 지닌 자를 보면 기가 죽는가? 탁월한 재능을 가진 자를 보면 기가 죽는가?

대부분의 사람은 부(富)는 복이고 빈(貧)은 저주라고 생각하고 있다. 건강은 복이고 병든 것은 저주로 인식하고 있다. 그러나 이것은 지극히 비성경적인 생각이다.

바울을 괴롭혔던 육체의 가시(질병)가 저주인가? 아니다. 복 중의 복이었다. 나아만 장군은 나병 때문에 하나님을 만난다. 그리고 온전한 예배자(왕하 5:16)로 서게 된다. 이런 측면에서 질병은 복이다.

사울 왕은 왕이 된 후 그의 순수한 신앙이 변하였다. 솔로몬도 부귀와 영화가 그를 병들게 하였다. 이런 측면에서 왕과 부귀 그리고 영화는 저주이다.

욥은 일순간에 자녀들을 잃는다. 가진 재산도 다 잃는다. 그리고 심한 질병에 걸려 고통의 나날들을 보내게 된다. 그는 이것 때문에 귀로 들었던 하나님을 눈으로 보게 되었다. 그리고 지금은 고통받은 자들에게 위로와 희망을 주는 자가 되었다. 욥이 겪은 아픔은 저주가 아니라 복이었다.

요셉이 아버지 집에서 아버지 사랑을 계속 독차지하고 살았다면 그는 애굽의 총리가 될 수 있었을까? 아버지의 사랑을 독차지하며 살 때 요셉은 그의 형제들에게 끊임없는 시기와 미움을 받으며 살았다. 그의 형제들이 장사꾼들에게 요셉을 팔아 보디발 가정에 노비가 되었을 때, 그는 시기와 미움으로부터 해방될 수 있었다. 억울하게 누명을 쓰고 죄수가 되어 감옥에 들어갔을 때 보디발의 아내의 끈질긴 유혹으로부터 해방될 수 있었다. 그리고 그 감옥은 총리로 가는 지름길이었다. 요셉은 보디발의 가정의 노예가 되고, 억울하게 감옥에 갇혔다. 이 모든 것이 저주스럽게 보이지만 복이었다.

건강한 것 때문에 하나님을 하나님으로 인정하지 않고 스스로 하나님이 되어 그 건강으로 쾌락을 좇고 죄의 낙을 누리며 산다면 그 건강이 복이라고 할 수 없다. 그러나 질병 때문에 인간의 연약함을 알고 하나님을 찾게 되는 동기를 제공하고 있다면 그것은 저주가 아니다.

"다른 사람들은 모두 다 잘 나가는데 나는 왜 이리 역경이 많을까?"라는 생각이 밀려들 때가 있다. 그때마다 나는 장석주 시인의 대추 한 알을 떠올린다.

대추 한 알/장석주

저게 저절로 붉어질 리는 없다
저 안에 태풍 몇 개
저 안에 천둥 몇 개
저 안에 벼락 몇 개

저게 저 혼자 둥굴어질 리는 없다
저 안에 무서리 내리는 몇 밤
저 안에 땡볕 두어 달
저 안에 초승달 몇 낱이

들어서서 둥글게 만드는 것일 게다

대추야, 너는
세상과 통하였구나!

대추 한 알 속에 이렇게 많은 힘든 기간과 고통의 나날들이 들어 있다. 태풍 그리고 천둥과 벼락, 한 걸음 더 나아가 무서리 내리는 수많은 밤을 지내고 땡볕 속에서 대추 한 알이 익어가듯 누구에게나 그런 시절이 있다. 이것을 서로 비교하며 탓할 수 있는가?

가난 때문에 초라하게 느껴지는 것도 존재가치를 누리지 못하고 소유가치에 눌려 사는 증상이다. 한편 부요 때문에 늘 든든하다는 생각이 든다면 존재가치를 누리는 사람이라기보다 소유가치에 붙들려 사는 사람일 가능성이 크다. 우리는 돈을 믿고 사는 사람인지, 진짜 하나님을 믿고 사는 사람인지 스스로 점검해 보아야 한다.

가난은 하나님을 더욱 바라보게 하고 의지하게 할 뿐 아니라, 빈한 환경에서 먹이시고 입히시는 하나님을 누리게 하며, 더욱 성숙한 믿음의 사람으로 빚어가는 은사요 도구이다. 부요도 마찬가지다. 영혼 살리고 영혼을 복되게 하는 데 사용해야 할 귀한 도구요 은사일 뿐이다. 이런 측면에 보면 가난도 은사요, 부요도 은사인 것이다.

이처럼 빈이나 부가 은사와 도구의 과녁에서 빗나가는 것이 죄의 개념이다. 빈이나 부가 모두 소중한 은사와 도구이기 때문에 무시해도 안 되고, 부가 목적이 되고 그것을 얻기 위해 끝없는 목마름에 사로잡혀 살아도 안 된다. 부이든 빈이든 감사로 받아들이고 누리면 된다. 이것이 믿음의 선진들이 보여준 멋진 삶이다. 요셉처럼, 바울처럼 말이다. 하나님의 아들이 되고, 그리스도의 몸이 되는 것보다 더 큰 복은 없다.

부유하게 사는 사람에 비하여 빈한 인생을 산다고 해도 이것 때문에 기죽을 이유도 없고 초라하게 느낄 이유도 없다. 은사가 다를 뿐이다.

우리가 보기에는 잘생긴 사람도 있고 못생긴 사람도 있는 듯 보이지만 모든 인간을 지으신 하나님의 눈에도 그렇게 보이겠는가? 하나님의 눈에는 모두가 다 잘생긴 작품일 것이다.

부자 앞에서 기가 죽는다면 그 부의 주인이 누구인가를 생각해 보라. 권세자 앞에서 기가 죽는다면 그 권세가 누구의 것인가를 생각해 보라. 부도 그의 것이 아니다. 권세도 그의 것이 아니다. 사실 그 인생도 그의 것이 아니다. 인간을 포함해서 만물의 주인은 오직 한 분 하나님이시다. 바로 우리 아버지 것이 아니던가? 만물의 주인 되신 아버지를 생각하면 우리 스스로가 만물의 주인처럼 느껴지지 않는가?

이것을 알게 된 이후 탁월한 재능을 가진 자들 앞에 서도 나는 초라하게 느껴지지 않았다. 그 사람들에게 나타난 재능도 그들의 것이 아님을 깨달았기 때문이다. 그 끼를 누가 주었는가? 그 끼가 누구의 것인가? 바로 나의 아버지가 주인이시기 때문이다. 결국 만물은 주에게로부터 나와서 주에게로 돌아간다. 재산, 재능, 권세, 생명까지 인간의 것이 아니다. 모두 주인 되신 하나님의 것이다. 그리고 그 하나님은 나의 주인이시요 나의 아버지이시다. 기죽을 이유가 없는 것이다.

비교할 것을 비교하라

돈을 얼마나 벌었느냐보다 더 중요한 것은 어떻게 벌었느냐이다. 다른 사람들의 노동력을 착취해서 번 돈이나 속여서 번 돈은 복이 아니다. 돈을 벌기 위해 노력하는 것보다 더 중요한 것은 무엇을 위해 버느냐이다. 돈은 어떻게 사용하느냐에 따라 돈의 가치가 달라진다. 득이 될 수 있고 실이 될 수 있으며, 복이 될 수 있고 저주가 될 수 있다.

인간에게 있어서 돈이란 중요하다. 돈이란 칼처럼 잘 사용하면 사람을 살리는 도구도 되지만, 오히려 그 칼에 의해 본인이 상할 수도 있다. 이처럼 돈이란 잘 다루어야 할 도구이다. 돈을 너무 의지해서도 안 되고, 돈을 너무 사랑해서도 안 된다. 반면에 돈을 무시해서도 안 된다.

어떤 사람이 강철왕 카네기에게 물었다.
"왜 돈을 버십니까?"
"돈이란 사람 같지 않은 사람에게로 들어가면 사람 같지 않은 세상을 만들고 사람 같은 사람에게 들어가면 사람 같은 세상을 만들기 때문이다."
돈이란 누구에게 들어가느냐에 따라 그 영향력이 크게 달라진다는 의미이다. 그러므로 그리스도인들은 영혼을 구원하고 영혼을 복되게 하려고 돈을 벌어야 한다.

세상을 사는 대부분의 사람은 자식들에게 한 푼이라도 더 물려주고 싶은 마음에 돈을 버는 경우가 많은 것 같다. 요즈음 세상에서 수저계급론이 유행하고 있다. 돈이 많은 집에 태어난 아이를 '금수저' 물고 나왔다고 하고, 먹고 살기에 부족함이 없는 집에서 태어난 아이를 '은수저' 물고 나왔다고 한다. 그저 먹고 사는 데 지장이 없는 집에서 태어난 아이를 '동수저' 물고 나왔다고 하고, 가난한 가정에서 태어난 아이를 보고 '흙수저' 물고 나왔다고 한다.

나 같은 경우는 흙수저 물고 나온 경우다. 흙수저이기에 하나님을 만났고 하나님을 붙들고 하나님을 따라 살아온 것 같다. 가끔 나는 이런 생각을 해 본다. 내가 만약 금수저를 물고 태어났다면 오늘의 나는 어떤 모습으로 살아가고 있을까? 술과 담배, 유흥을 즐기며 지내다가 간이 완전히 망가지거나 폐가 망가져 누군가의 도움을 받으며 살고 있을 것 같다는 생각이 든다.

어느 책에서 읽은 글 중에 아버지가 일찍 돌아가신 분들이 성공할 확률이 높다고 했다. 아버지가 일찍 돌아가시면 어려서부터 책임의식이 형성되고, 살기 위해 설득능력을 갖추게 된다. 그리고 하나님을 붙들게 되므로 하나님의 꿈에 사로잡히게 되어 성공할 확률이 높아진다는 것이다.

세상에 사는 모든 부모는 자녀들에게 한 푼이라도 더 물려주려고 한다. 그러나 그것이 꼭 자녀들에게 득이 되는 것은 아니다. 부를 물려주는 결과로 돈의 가치를 모르게 되고 그것 때문에 생활력이 약해질 수 있고, 그것 때문에 돈이 하나님 노릇 하면서 하나님을 잃게 되고, 오히려 방탕하게 될 가능성이 크기 때문이다.

돈이란? 얼마나 많이 벌었느냐보다 더 중요한 것은 돈을 어떻게 사용했느냐이며, 얼마나 저축했느냐보다 얼마나 가치있게 사용했느냐가 더욱 중요한 문제다. 그러므로 그리스도인들은 얼마나 모았느냐보다 어떻게 사용했느냐를 비교하며 경계해야 한다.

총신대학교 신학대학원 설교학 시간에 교수님이신 박희

천 목사(내수동교회 원로 목사)님에게 들은 간증이다. 그 목사님에게 평생 잊을 수 없는 스승이 계셨다고 한다. 그분이 바로 고 한상동 목사님이라고 하셨다.

"한상동 목사님은 하나님을 사랑하고, 성경을 사랑하고, 교회를 사랑하고, 영혼을 사랑하는 분이셨습니다. 그는 근검절약의 달인이셨습니다. 헌신예배 초청을 받아 말씀을 전하시고 가실 때 교회에서 택시를 잡아주면서 택시비를 미리 운전사에게 줍니다. 조금 가다가 목사님은 사정을 합니다. '기사 양반 내가 돈이 조금 필요해서 그러니 그 택시비 좀 돌려주십시오. 저는 그냥 걸어가려고 합니다.' 택시비를 다시 돌려받을 정도로 돈을 아끼시는 분이셨습니다. 그분은 돈을 쓸 줄을 모르고 한 푼, 두 푼 저축하시는 분이셨습니다. 돈이 어느 정도 모이면 집을 샀습니다. 그 목사님이 사서 세를 놓은 집이 부산에 여러 채 있었습니다. 기도하는 것이나, 설교하시는 것을 보면 그 목사님은 참 신령하게 보였습니다. 그런데 돈을 모으는 모습이나 집을 한 채, 두 채 사 놓으시는 것을 보면 세속에 물든 삯꾼 목사처럼 보였습니다. 고려신학대학교 부지 구입을 위해 교단적으로 모금을 할 때 그 어르신이 그동안 사 놓은 집을 다 팔아 그 부지를 사서 헌납하셨습니다. 현재 부산 앞바다가 훤히 보이는 고려신학대학교가 위치한 땅입니다. 그때 그 목사님의 근검절약 목적을 알게 되었습니다. 그 분을 보며 돈을 귀하게 사용하기 위해 저축이 필요하다는 것을 깨닫게 되었습니다."

돈은 이처럼 귀중한 은사이다. 그러므로 잘 관리해야 한다. 하나님은 애굽의 황제에게 앞으로 있을 기근의 때를 준비하기 위해 저축을 명하신 적이 있었다. 그 역사적인 사건이 오늘을 사는 우리에게 주는 메시지는 저축의 필요성이다.

돈이 의지가 되기 때문에 저축하는 것이라면 불신앙이다. 돈을 사랑하기 때문에 저축하는 것도 바람직하지 않다. 예수님보다 돈이 더 크게 보인다면 그리스도 안에서만 자신이 발견되기 위하여 바울처럼 배설물로 여겨야 할 것이다.

얼마나 더 높이 올라갈까보다 얼마나 더 낮아질 수 있을까가 중요하다. 얼마나 더 가졌는가보다 더 중요한 것은 얼마나 많이 베풀며 살았느냐이다. 얼마나 더 건강한가보다 얼마나 더 몸을 드렸는가가 중요하다. 비교하려면 이런 것들을 비교해야 한다.

어느 개척교회 목사님 이야기다. 큰 교회 앞을 지날 때마다 자신도 모르는 사이에 기가 죽는다고 한다. 그때마다 그는 이렇게 비교한다고 한다.

"이 교회를 시무하는 목사님이 나보다 더 하나님을 사랑할까?"

"이 교회 목사님이 나보다 더 기도 많이 할까?"

"이 교회 목사님이 나보다 더 겸손할까?"

"이 교회 목사님이 나보다 더 하늘의 상급을 더 많이 쌓았을까?"

 대계명 위에 서서 좌로나 우로나 치우치지 않고 대사명을 이루기 위해 달려가고 있다면 그 자체가 은혜요 영광이며 복이요 하늘의 상급이 아니겠는가?
 하나님은 우리에게 늘 말씀하신다.
 상관하지 말라고....
 비교하지 말라고....
 너는 내 아들이라고....
 너는 나의 꿈이라고....
 이것보다 더 큰 복이 어디 있느냐고 하신다. 할렐루야!